ENTRE O ENCARDIDO, O BRANCO E O BRANQUÍSSIMO

Branquitude, hierarquia e poder na cidade de São Paulo

Lia Vainer Schucman

*Dedico este livro a todos aqueles
cujo destino foi marcado pelas
injustiças do racismo.*

"E embora seja difícil imaginar nossa nação totalmente livre do racismo e do sexismo, o meu intelecto, o meu coração e minha experiência me dizem que isto é realmente possível. Até este dia, em que nenhum dos dois existam mais, todos nós devemos lutar". (**James Baldwin**)

SUMÁRIO

AGRADECIMENTOS 9

ALGUMAS PALAVRAS SOBRE O *ENTRE O ENCARDIDO, O BRANCO E O BRANQUÍSSIMO* 13

APRESENTAÇÃO 17

PREFÁCIO 21

ROMPENDO O PACTO RACISTA: COLOCANDO O BRANCO EM QUESTÃO 25

CAPÍTULO I – NOTAS SOBRE A PESQUISA 33

AS CONVERSAS INFORMAIS 35

A ENTREVISTA 38

OS ENTREVISTADOS 41

OS DESLOCAMENTOS DE CONTEXTO 45

CAPÍTULO II – BRANQUITUDE 49

2.1 O LUGAR DO BRANCO NAS RELAÇÕES RACIAIS: PRIMEIROS ESTUDOS 49

2.2 O CAMPO CRÍTICO DA BRANQUITUDE: DEFINIÇÃO DE UM CONCEITO 59

2.2.1 INVISIBILIDADE OU FANTASIA DE INVISIBILIDADE? 62

2.2.2 PRIVILÉGIOS MATERIAIS 63

2.2.3 PRIVILÉGIOS SIMBÓLICOS 67

2.2.4 O LÓCUS SOCIAL DA BRANQUITUDE 73

CAPÍTULO III – RAÇA E RACISMO 75

3.1 RAÇA 75

3.2 DA RAÇA AO RACISMO 78

3.3 POR QUE E COMO USAR A CATEGORIA "RAÇA" NA ATUALIDADE? 84

3.4 RACISMO NO BRASIL CONTEMPORÂNEO 95

3.4.1 AS DIFERENTES FORMAS DE RACISMO. 95

3.4.2 AS ESPECIFICIDADES BRASILEIRAS 97

CAPÍTULO IV – A CONSTRUÇÃO DA BRANQUITUDE NA CIDADE DE SÃO PAULO 103

4.1 A FORMAÇÃO POPULACIONAL DA CIDADE E ALGUNS ASPECTOS SOBRE A IDENTIDADE PAULISTANA 104

4.2 A COMPOSIÇÃO ATUAL DA CIDADE 113

CAPÍTULO V – ASPECTOS PSICOSSOCIAIS DA BRANQUITUDE 119

5.1 PADRÕES DE BELEZA E BRANQUITUDE 120

5.2 IDEIA DE SUPERIORIDADE MORAL E INTELECTUAL 128

5.3 A BRANQUITUDE EM AÇÃO: FORMAS DE MANUTENÇÃO DE PODER E O "MEDO BRANCO" 133

CAPÍTULO VI – FRONTEIRAS E HIERARQUIAS INTERNAS DA BRANQUITUDE 149

6.1 CORPO, FENÓTIPO E PODER: A ILUSÃO DA ORIGEM 150

6.2 ATRAVESSAMENTOS ENTRE GÊNERO E RAÇA 158

6.3 CLASSE SOCIAL E GRADAÇÕES DO BRANCO: O BRANCO E O BRANQUÍSSIMO 170

CAPÍTULO VII – FISSURAS ENTRE A BRANCURA E A BRANQUITUDE: POSSIBILIDADES PARA A DESCONSTRUÇÃO DO RACISMO 185

CONSIDERAÇÕES FINAIS 197

REFERÊNCIAS BIBLIOGRÁFICAS..203

AGRADECIMENTOS

Este livro é a síntese mais visível de afetos, amizades e relações que se fizeram presentes em minha vida, por isso dedico algumas palavras de agradecimento àqueles que me acompanharam nessa construção.

À minha mãe, Lydia Vainer, *in memorian*, pela vida em seu sentido mais amplo.

À minha orientadora, Leny Sato, pelo acolhimento, pela confiança depositada e, em especial, por ter me aberto caminhos teóricos e metodológicos para uma pesquisa mais livre e criativa. Minha sincera gratidão.

Ao professor Antonio Sérgio Alfredo Guimarães, por ter me apresentado todo um arcabouço teórico que até então eu desconhecia, e pelos apontamentos feitos na qualificação deste trabalho fundamentais à pesquisa.

Ao professor Kabengele Munanga, por ter aberto os caminhos teóricos para esta pesquisa, pela forma humana e sábia com que transmite o conhecimento e ainda por ser exemplo de luta e responsabilidade por um mundo mais justo. Tenho por ti uma profunda admiração.

Ao professor Howard Winant, meu coorientador no intercâmbio acadêmico feito na Universidade da Califórnia, em Santa Bárbara, pela dedicação calorosa e sincera nos momentos mais difíceis e solitários deste percurso e ainda pela troca acadêmica feita com afeto e generosidade.

À professora France Winddance Twine, pelas experiências partilhadas acerca de todo o campo teórico que compõe este livro e ainda pela amizade e experiências partilhadas em terras californianas.

À professora Liv Sovik, pelo sentido crítico e sensível feito no exame de qualificação, que contribuiu para definir melhor o objeto desta pesquisa, e ainda pela generosidade de apresentar e abrir novos contatos para a formação de uma rede de trocas com outros pesquisadores do tema.

À Maria Aparecida Bento, por todo o empenho, competência e dedicação com que vem tratando o tema da branquitude na sociedade brasileira, fundamental para que, através de seus textos, eu tenha aberto os olhos e o coração para esta compreensão.

Ao meu pai, Henrique Schucman, pelo afeto, pelo apoio, incentivo, amor e, mais importante, por ter me criado em um ambiente livre de amarras, o que me permitiu olhar para o "outro" sempre de coração aberto. Todas as palavras seriam poucas para expressar tamanha gratidão.

À minha avó Bertha Schucman, pela sabedoria, afeto e carinho compartilhados durante toda esta trajetória.

À minha avó Yvonne Vainer, que hoje já não está mais aqui, porém foi a responsável maior pelo meu interesse nesse assunto. Foi ela quem comemorou todas as minhas conquistas acadêmicas, acompanhando passo a passo desde a tenra infância.

À Lara, minha irmã gêmea, antes de tudo pela existência, que em todos os meus caminhos, inclusive este, me possibilitou a rara sensação de estar sempre acompanhada.

Ao meu irmão, Radji, companheiro para as horas felizes da vida, sempre me lembrando de que, mais do que tudo, devemos nos sentir bem.

Ao amigo Evandro Brito: é para ele que devo e agradeço a sensibilidade mais aguçada do tema deste livro, assim como o incentivo e o início de toda a minha trajetória acadêmica.

Ao amigo Bruno Hoffmann, companheiro de discussões calorosas sobre a temática, pela possibilidade de pensar juntos com sinceridade e honestidade o racismo que está nas entranhas de nossa cultura.

À amiga Fernanda Camara, que dividiu comigo, para além da casa e da cozinha, a leitura entusiasmada de cada entrevista e parágrafo aqui escritos. Muito obrigada.

À Lia Novaes, pela presença, ternura e afeto diários nos anos da escrita deste livro.

À Silvana Jeha, pelo intenso compartilhar da vida.

À Eliane Costa, pelas inúmeras conversas e análises sobre cada uma das cicatrizes produzidas pela ferida do racismo.

À Monica Mendes, pela amizade.

Às amigas Arina Alba, Liliane Carboni, Rita Flores e Alessandra Valentim, cada uma em um canto do mundo, mas que se fazem presença diária tornando o mundo mais leve.

Aos meus filhos, Ariel e Benjamin, que me fazem ter a certeza que é dever continuar na luta por um mundo mais justo e equânime.

Ao Rodrigo, parceiro com quem escolhi dividir a vida.

A todos os entrevistados que concordaram em mostrar, falar e expor com sinceridade e honestidade o tema aqui proposto. Sem esta abertura não teria sido possível atingir o aprofundamento e a descoberta que o racismo parece ocultar.

Ao programa de Psicologia Social da USP, pelo apoio estrutural e acadêmico.

À **CAPES** e à **FAPESP,** pelo auxílio financeiro, possibilitando a execução deste livro.

À editora Veneta, pela parceria nesta segunda edição, pelo trabalho dedicado e generoso na revisão, na produção e na relação humana e transparente comigo e com o texto.

ALGUMAS PALAVRAS SOBRE O *ENTRE O ENCARDIDO, O BRANCO E O BRANQUÍSSIMO*

Há livros que marcam uma reviravolta em seus campos de estudos. Este pequeno livro de 216 páginas é um deles. Seu tema é a branquitude. Como é ela construída? Seu cenário é a cidade de São Paulo, Brasil, capital do Estado brasileiro economicamente mais dinâmico, para onde convergem brasileiros de todos os costados e estrangeiros – todos em busca de riqueza, ou de novas oportunidades de vida, ou para exercer cargos em empresas multinacionais.

O trabalho foi originalmente escrito por Lia Schucman como uma tese de doutorado. A obrigação, enquanto doutoranda, de apresentar uma revisão bibliográfica sobre suas ferramentas conceituais adicionou ao livro a utilidade didática necessária a empreendimentos intelectuais que se debruçam sobre problemas sociais candentes, que necessitam de políticas públicas – tornando-o também um texto de formação intelectual.

O objetivo de Schucman é compreender a formação da raça branca em São Paulo a partir da ideia de branquitude. O que é ser branco? Mas sua preocupação maior é com o racismo posto em marcha a partir da construção dessa noção de raça e da sua ideologia – raça branca, branquitude. Desvendar essas tecnologias de dominação é sua pretensão moral e política. É claro o seu intuito de assentar o antirracismo brasileiro em bases mais sólidas.

Para usar a categorização de Jean-Fréderic Shaub, o racismo dos paulistanos, como o dos brasileiros, não é um racismo religioso – da pureza de sangue, que revele a cristandade imaculada – nem um racismo de conquista territorial, que necessite demarcar as fronteiras entre conquistados e conquistadores a partir da cor da pele. É o racismo de quem forjou novas nações em terras americanas, para quem a mistura – sexual-reprodutiva, cultural e social – tornava-se o marcador principal da raça.

Raça marcada primeiramente por traços fenotípicos que separavam os brancos dos outros (as outras raças), construindo as fronteiras pelo grau de mistura biológica e de proximidade sexual. Esses contatos íntimos, geradores de prole, definem os traços fenotípicos aceitáveis dessa mistura. Daí nascem não apenas negros, pardos e indígenas, mas também o branco brasileiro, aquele que não será necessariamente visto como branco nas metrópoles europeias.

A seguir, as misturas cultural e social começam a ser acionadas para criar novas fronteiras raciais. Quem se deixou colonizar culturalmente por indígenas e africanos, tomando-lhes hábitos e costumes, crioulizando-os, torna-se menos branco. Um 'branco encardido', cujo epígono, em São Paulo é o 'baiano', esse tipo que se orgulha da mistura cultural e social e que se situa, às vezes, mais próximo dos negros que dos brancos. Por fim, a mistura social é acionada como marcador. A proximidade e a intimidade residencial, escolar e ocupacional com os negros demarcam as fronteiras em face a outros 'encardidos' ou 'simplesmente brancos'. Esses últimos, os 'simplesmente brancos', podem ser fenotipicamente perfeitos, podendo circular pela Europa e Estados Unidos como brancos. Mas seu contato e proximidade social com os não-brancos, porém, de certa forma os distingue dos 'branquíssimos', aqueles que, por conta de sua situação de classe, não precisam se misturar.

A essa altura, o leitor mais versado na literatura antropológica produzida no Brasil dos anos 1960 já se lembrou da célebre e clássica etnografia de Harry Hutchinson numa comunidade rural do Recôncavo baiano. Nela, ele dissecou o tortuoso sistema de classificação racial então vigente – os brancos da terra, os brancos finos, os diferentes tipos de moreno, etc. A semelhança com a classificação racial encontrada por Lia Schucman na metrópole paulista, mais de sessenta anos depois, deve sua coincidência à permanência do mesmo princípio classificatório – o grau de mistura entre os europeus, os africanos e os indígenas nos três terrenos de contatos: sexual-reprodutivos, culturais e sociais.

Schucman leva vantagem sobre Hutchinson por contar com o acúmulo da reflexão feminista sobre sexualidade e poder e por acioná-la para compreender melhor a interseccionalidade de gênero. Tem, entretanto, o foco apenas sobre a branquitude. Mas essa é apenas uma comparação formal. O ponto forte do livro é seu objetivo político: não se constrói um antirracismo sólido sem compreender melhor os brancos e o seu racismo. Isso torna útil a distinção feita por Lia entre brancura e branquitude, ou seja, a construção social da percepção fenotípica a partir das situações de poder e de dominação, e essa mesma construção – os fenótipos – em operação, como instrumento de exercício da subalternização. O que poderia ser uma lastimável confusão lógica é, na verdade, uma realidade política. Na dialética da dominação e da resistência, a raça é construída para oprimir, mas não pode ser combatida a não ser pela raça construída para resistir.

Antonio Sérgio Alfredo Guimarães
Departamento de Sociologia – USP

APRESENTAÇÃO

Uma mulher branca, paulistana, estudando raça na cidade de São Paulo pela categoria "branquitude". Essa é a chave inicial da pesquisa que aqui se oferece à leitura.

Lia Vainer Schucman teve como grande motivação para desenvolver essa pesquisa o profundo senso de justiça que consigo carrega, e Lia o carrega fisicamente, emocionalmente e, por fim, intelectualmente. Essa pesquisa foi conduzida, do começo ao fim, com o envolvimento de todos os sentidos. Esse senso de justiça não a poupa de colocá-la no centro da cena de estudo, pois, repitamos, trata-se de uma pesquisadora branca estudando o racismo por meio da branquitude. Lia foi sujeito e objeto de sua pesquisa num sentido não tão comum, dado que a posição por ela ocupada a tornava vulnerável e, sobretudo, porque suas perguntas de pesquisa questionavam os privilégios do branco na hierarquia racial no Brasil. E por isso podemos atribuir-lhe outro qualificativo: Lia é corajosa.

Seu estudo traz para a psicologia social contribuição sem dúvida relevante ao apontar um problema pouco estudado por essa disciplina, segundo o recorte adotado. A pesquisadora adentrou num campo de estudos amplo e complexo, francamente interdisciplinar, o que lhe abriu, ao mesmo tempo, muitas possibilidades e muitos riscos, pois são múltiplas as abordagens teórico-conceituais com evidentes implicações políticas.

O trabalho de campo foi conduzido de modo a adentrar nos espaços da vida cotidiana em que as pessoas expressam e exercem mais livremente suas crenças, suas vivências sobre o assunto, seus modos de ser e também seus preconceitos. Para tanto, a empiria não poderia se reduzir àqueles momentos e episódios nos quais a pesquisadora se mune de recursos, perguntas ou olhos específica e propositalmente atentos e voltados para colher dados.

Dois pressupostos devem aqui ser apresentados e foram eles que guiaram a condução da pesquisa empírica neste livro. O primeiro é o de que pesquisar não se reduz à aplicação de técnicas e o segundo é o de que ser pesquisadora não significa "deixar a pessoa em casa" e investir-se do papel de pesquisador; ao contrário, entendemos que pesquisar é um processo de convivência entre pessoas (Sato e Souza, 2001).

Outro norte que orientou essa pesquisa foi a concepção de que o tema em estudo pode ser apreendido em todo e qualquer evento cotidiano, porque é lá, nos eventos mais corriqueiros e comezinhos, que as coisas acontecem e são reveladas de modo genuíno, estando ao alcance de todos. Considera, portanto, que esse assunto está "na boca do povo". Assim, muito atenta e inquieta, Lia não deixa escapar qualquer episódio cotidiano. É assim que Lia inclui como fonte de perguntas de pesquisa sua experiência em uma situação que revela a historicidade do conceito de raça, ao preencher o formulário da Universidade de Santa Bárbara (Califórnia – EUA), no qual deveria prestar informação sobre a sua condição racial, quando foi se inscrever em um curso por ocasião de seu estágio sanduíche. As alternativas para identificar o "*ethnic background*" eram: 1 – Índio Americano ou Nativo do Alaska; 2 – Asiático; 3 – Ilhas pacíficas; 4 – Afro-norte-americano (não hispânico); 5 – Branco (não hispânico); 6 – Hispânico; 7 – Filipino; 8 – Outros Brancos. Por si só, o que subjaz à oferta de determinadas categorias nesse formulário poderia render longas e densas reflexões.

Apoiada em sua desenvoltura para falar sobre o assunto dessa pesquisa e mostrando-se genuinamente interessada em saber como as pessoas vivem a própria branquitude, Lia conversou sobre o tema e estimulou que ele visitasse conversas entabuladas por outros em encontros sociais, como ocorreu em uma festa. Esse encontro possibilitou constatar que brancos têm muita dificuldade em definir a própria raça. Outro lugar no qual o tema da pesquisa pôde ser pesquisado foi num consultório médico. Entrevistas orientadas por roteiro de perguntas também foram recursos utilizados e aqui a liberdade de Lia para falar do tema parece ter operado como recurso facilitador para que preconceitos e outros posicionamentos que são considerados "politicamente incorretos" fossem expressos. Lia não julgou os modos como as pessoas vivenciam e subjetivam a branquitude, mas queria tão somente entender como esses processos se dão e como as pessoas lidam com eles. E conseguiu.

Algo a ser referido também no que concerne ao trabalho de campo é o fato de que há situações objetivas que operam como âncoras que delimitam os contornos do que é verbalizado pelos depoentes. Como escrevemos em outro lugar (Sato e Souza, 2001), a relação entre pesquisador e pesquisado é muito menos assimétrica do que poderíamos supor, pois, se pesquisamos, também somos pesquisados. Isso significa que o desenrolar e o conteúdo das conversas, das entrevistas, bem como os comentários tecidos e as apreciações feitas pelos depoentes em qualquer pesquisa são orientados pelo modo como o pesquisador se configura frente aos pesquisados.

Os frutos da pesquisa de Lia Vainer Schucman, conduzida com as características acima apontadas, podem ser apreciados com a riqueza de dados que traz matizes da branquitude, quando a raça se encontra com classe social, com origem, com etnia, com fenótipo e com gênero. Assim, não há "o branco", mas, sim, "os brancos", e esse matiz explica e funda a hierarquia interna aos "brancos".

O livro que aqui se apresenta é uma rara contribuição para a psicologia social brasileira, por sua envergadura teórica e por sua riqueza empírica.

São Paulo, 21 de maio de 2013

Leny Sato
Professora Titular
Instituto de Psicologia – USP

REFERÊNCIAS

Sato, L.; Souza, M. P. R. Contribuindo para desvelar a complexidade do cotidiano através da pesquisa etnográfica em Psicologia. *Psicologia USP,* São Paulo, v. 12, n. 2, pp. 29-47, 2001.

PREFÁCIO

O trabalho desenvolvido pela autora é extremamente oportuno, numa etapa da história das relações raciais no Brasil em que se propaga a ideia de que o Estado brasileiro finalmente reconhece o racismo, atua no sentido de combatê-lo e que esta atuação tem impacto na diminuição das desigualdades raciais.

Vários elementos da história contemporânea concorrem para que seja disseminada esta perspectiva. Dentre esses elementos, gerados pelo intenso e produtivo trabalho do movimento negro, pode-se destacar: o fato de que a Constituição Federal de 1988 preconiza que o Estado brasileiro tem o dever de promover a igualdade; em 2001, a presença brasileira na III Conferência Mundial contra o Racismo foi maciça, provocando uma situação em que o Estado brasileiro assumiu compromissos fundamentais na área de combate ao racismo; em 2003, foi sancionada a Lei n. 10.639, que altera a Lei de Diretrizes e Bases da Educação Nacional e obriga o ensino da história e cultura afro-brasileira no ensino regular; a criação da SEPPIR – Secretaria de Políticas de Promoção da Igualdade Racial, também em 2003; e, em 2012, a decisão unânime do Supremo Tribunal Federal de que são constitucionais as ações afirmativas para promover a igualdade racial.

Na esteira desse processo, importantes transformações vêm ocorrendo no âmbito das relações raciais, mas as políticas conquistadas nas ruas sofrem mudanças quando adentram as instituições, lócus do poder, minimizando o impacto de sua força na mudança do quadro das desigualdades raciais.

Quando uma política, conquistada pelo movimento negro, adentra as instituições, a política "para negros" transmuta-se em políticas "para todos" ou políticas "sociais", fazendo com que a

21

mudança de situação na condição de vida dos negros seja muito menor, mais morosa e de reduzido impacto nas estatísticas. Esta é a força da branquitude no interior das instituições, nos espaços de poder. Como Lia Vainer destaca, a branquitude tem seu pilar principal fundado na questão do poder. É acima de tudo uma condição cunhada para conquistar e manter poder simbólico e concreto.

Nesse sentido, a mudança na situação das desigualdades raciais tem sido limitada, pois os espaços institucionais que devem viabilizar as políticas de combate ao racismo e/ou de promoção da igualdade racial são ocupados por brancos, em sua maioria homens, que buscam formas de minimizar o impacto das políticas de combate ao racismo e de promoção da igualdade racial.

Num estado como São Paulo, que exibe a maior população negra do país, os índices de desigualdade nas áreas de saúde, trabalho, educação e violência contra a juventude são lastimáveis. O que se percebe, como nos revela o trabalho de Lia, é a forte e concreta dimensão da branquitude, persistindo em todos os espaços de poder e prestígio, definindo objetiva e subjetivamente que inteligência, competência, riqueza e beleza são coisas de brancos. Aliás, cabe lembrar a força das vivências estéticas nos processos de identificação.

Essa branquitude, explicitada por Lia como uma construção sócio-histórica, alardeia a pretensa superioridade racial branca, que tem como corolário os privilégios simbólicos e materiais comparativos, em relação aos não brancos.

O foco conceitual dos estudos, na perspectiva da psicologia social e das ciências humanas que a autora escolheu, foi acertado e oferece uma contextualização que não deixa dúvidas sobre a pertinência desta abordagem.

As entrevistas realizadas foram conduzidas com competência, de modo que aparece com nitidez a força dos enfoques biológicos e culturais hierárquicos, alicerçando a identidade racial branca paulistana. Mas também aparecem as fissuras, e da mesma forma que alguns entrevistados demonstram conviver bem com a condição de privilegiados, há aqueles que não legitimam o racismo e nos apontam, a partir de suas histórias, possibilidades de alteração dessa realidade.

Com relação a esse aspecto, vivências de situações conjuntas são apontadas pela autora como elementos facilitadores que podem deslocar os brancos de seu lugar de norma e hegemonia para o território do sujeito que assume sua condição de racializado, passo essencial para a ressignificação das relações raciais.

Nesse sentido, a branquitude também é abordada por Lia como um marcador de diferenças no interior do grupo branco, a partir das diferenças de origem, classe, região, gênero e fenótipo, que interferem na sua graduação.

Um foco bastante importante deste livro diz respeito à discussão sobre a invisibilidade que aparece intrinsecamente ligada à forma com que brancos enxergam a si próprios. A naturalização de si próprios, não como uma das identidades no amálgama de identidades que enriquecem a diversidade humana brasileira, mas como identidade única, como referência de humanidade, assume lugar de destaque no texto.

A hegemonia da supremacia racial branca assegura, como nos mostra a autora, dentre tantos benefícios, uma proteção que torna o mundo mais confortável para os brancos no sentido de que sabem que não vão sofrer estranhamento em diferentes ambientes, que contam com a cumplicidade de outros quando apresentam um cheque ou cartão e que são preferidos por seus pares brancos em qualquer situação de competição ou de enfrentamento de dificuldades.

E o âmago do racismo institucional fica explicitado na forma sistêmica e sincronizada com que as instituições atuam, como se fosse natural funcionar a partir das perspectivas e interesses brancos, que são percebidos como perspectivas e interesses de todos. Nesse contexto, as mudanças institucionais no sentido da equalização racial simbólica e concreta que deveriam ocorrer em razão da forte luta do movimento negro são minimizadas, quando não abolidas.

Assim, este trabalho se revela pertinente, corajoso e desafiador das perspectivas sobre desigualdades raciais que são propagadas pelos acadêmicos em ambientes considerados de esquerda. Pode complexificar as leituras usuais sobre relações raciais e abrir novas perspectivas para brancos e negros construírem caminhos mais acertados na trilha da justiça racial.

Lia Vainer Schucman, mulher, branca, paulista, de classe média, poderia, como é de praxe, exibir outra abordagem. Mas se assumiu como alguém que tem duplo pertencimento. De um lado, ela é descendente de imigrantes judeus, pertencendo a uma família que viveu situações de racismo, em outro território do mundo. De outro lado, ela é branca e faz parte do grupo que obtém privilégios pela pertença racial.

Ambos os pertencimentos delineiam, enriquecem a alma e são fundamentais para fomentar vivências que garantem a rica perspectiva, o olhar comprometido e a postura generosa e crítica.

Profa. Dra. Maria Aparecida da Silva Bento

ROMPENDO O PACTO RACISTA: COLOCANDO O BRANCO EM QUESTÃO

Apresentar os motivos pelos quais escolhi escrever um livro[1] com este assunto é, para além de um ato de apresentação aos leitores, um ato político, pois será necessário falar ao mesmo tempo sobre o processo de como me identifiquei com aqueles que são vítimas do racismo, bem como com aqueles que são protagonistas de atitudes, discursos e subjetividade racista.

A primeira proposição – de identificação com as vítimas do racismo – é muito mais simples de tornar consciente, pois o argumento racional, de que sou uma psicóloga social que se preocupa com a luta contra a opressão e subalternização das populações oprimidas por uma sociedade que privilegia uns em detrimentos de outros, basta para colocar-me dentre aqueles que se engajam na luta antirracista e por uma sociedade mais igualitária. No entanto, hoje, para se realizar uma pesquisa na área da psicologia social crítica é condição *sine qua non* que o investigador saiba o lugar social e subjetivo de onde age, fala, observa e escreve. Assim, sendo eu mulher, branca, paulista de classe média e descendente de imigrantes judeus, é deste lugar que eu falo.

Portanto, a questão racial não é algo que está longe de mim. Deslocando-se do lugar do branco e do negro no Brasil, fui criada em um ambiente no qual os efeitos do racismo antijudaico e do nazismo europeu deixaram marcas e feridas capazes de mobilizar afetos nas duas gerações posteriores. Assim, fui socializada em um lar onde qualquer forma de preconceito e discriminação era

---

1 Fruto de minha tese de doutorado defendida em 2012 no Programa de Psicologia Social da Universidade de São Paulo.

totalmente intolerável e automaticamente associada aos horrores passados pela minha família na Segunda Guerra Mundial. Dessa forma, os temas da discriminação, da raça e do racismo sempre fizeram parte das minhas preocupações.

Contudo, o racismo particular do brasileiro é a ideologia do branqueamento marcado por uma sociedade hierárquica de desigualdades sociais e racistas no que diz respeito aos negros e aos índios. Sendo assim, o judeu brasileiro também faz parte da sociedade branca e, portanto, na ideologia racista típica do Brasil, contribui com o "branqueamento" da sociedade. Dessa forma, fazer parte desse grupo me deixou em um local de duplo pertencimento: por um lado, pertenço a uma família que já foi oprimida pelo racismo em outro contexto histórico e lugar do globo e, ao mesmo tempo, faço parte do grupo que obtém privilégios pela pertença racial.

Criada nessa condição e em uma família de tradição democrática de esquerda, obviamente minha constituição como branca não foi daquela que se opunha aos negros como os "outros" de que se tem ódio ou então como os "outros" de que se tem medo. Portanto, o racismo em que fui criada não se dava pelo ódio aos negros, mas também racista foi a forma como os brancos de minhas relações sociais e eu representávamos os "outros" negros: com pena, com dó, com ausência. Quer dizer: nosso racismo nunca impediu que convivêssemos com os negros ou que tivéssemos relações de amizades e/ou amorosas com eles. No entanto, muitas vezes essas eram relações em que os brancos se sentiam quase como que fazendo "caridade" ou "favor" ao se relacionarem com os negros, como se com a nossa branquitude fizéssemos um favor de agregar valor a eles, porque, afinal, estávamos permitindo aos negros compartilhar o mundo de "superioridade" branca. Ou seja, mesmo tendo crescido em um ambiente onde a luta contra a opressão, a discriminação e as desigualdades era a pauta de discussões na família, na escola e nas relações de amizade, fui socializada e constituída como branca com um sentimento de "superioridade" racial tão maléfico quanto o racismo daqueles que acham que os negros são inferiores biológica e moralmente.

Assim, quando em uma atitude de autorreflexão percebi que, mesmo tendo um círculo de relação social com diversos negros, e com um ideal racional antirracista, eu, em alguns aspectos, continuava sendo protagonista do racismo. Nesse momento, tive um choque emocional que tornou a luta antirracista minha agenda diária. Assim, também fui atrás de referências epistemológicas que explicassem o porquê e de que forma eu havia subjetivado o racismo em mim tão profundamente.

Perguntar quem é o branco e como a ideia de raça, bem como o racismo, opera na constituição dessa identidade é o propósito deste trabalho. Acredito que, dentro da psicologia social, para além de todas as lutas contra a desigualdade racial em relação ao acesso a recursos materiais, uma das contribuições que um branco pode fazer pela e para a luta antirracista é denunciar os privilégios simbólicos e materiais que estão postos nessa identidade.

Assim, quando digo que esta apresentação é também um ato político, a intenção é dizer que me expor como também pertencente ao grupo opressor e denunciar o racismo que já foi parte de minha identidade e contra o qual hoje luto conscientemente para desconstruir é romper o silêncio chamado pela psicóloga Maria Aparecida Bento de "pacto narcísico" entre brancos, que necessariamente se estrutura na negação do racismo e desresponsabilização pela sua manutenção.

No Brasil, o tema da raça e do racismo já foi objeto de estudos de diferentes e opostas interpretações. Passamos do paraíso da democracia racial para o desvelamento do racismo em apenas algumas décadas. Hoje, convivemos com esses discursos opostos encarnados em nossa sociedade. Nesta primeira década do século XXI, é possível perceber discursos que apontam o Brasil como um lugar de pacífica convivência racial, com fluidas classificações de cor e raça e estudos que mostram as duradouras e sólidas iniquidade e injustiça racial como fatores determinantes da estrutura social brasileira. No entanto, em ambos os casos, a raça da população brasileira é tema dessas interpretações e estudos, o que demonstra que o pensamento racial está arraigado na estrutura social e cultural e na constituição dos sujeitos em nossa sociedade.

A raça, como categoria sociológica, é fundamental para a compreensão das relações sociais cotidianas, não só no que diz respeito à experiência local, mas, também, nacional e global. A ideia de raça está presente em diferentes experiências da vida social: nas distribuições de recursos e poder, nas experiências subjetivas, nas identidades coletivas, nas formas culturais e nos sistemas de significação. Contudo, mesmo que a ideia de raça produza efeitos concretos no Brasil, falar dela e de racismo é estar em terreno movediço, considerando um país que ainda se identifica e se atribui, como marca positiva da identidade nacional, valores de miscigenação cultural e mistura racial (Winant, 2001). No cotidiano brasileiro, esses temas ainda constituem um tabu, já que o racismo brasileiro revela a faceta contraditória desse discurso, que sedimenta e estrutura não só desigualdades socioeconômicas, mas também simbólicas e culturais, relativas à população não branca do Brasil.

Estudos, no Brasil e no mundo, apontam o racismo e a discriminação racial como a explicação mais sólida para as desigualdades raciais no Brasil (Hasenbalg, 1979; Guimarães, 1999; Andrews, 1998; Skidmore, 1976; Telles, 2003; Bento, 2002). Dessa forma, o contexto multirracial brasileiro propicia mediações bastante diferenciadas para a constituição de sujeitos e, portanto, para a subjetividade de brancos e não brancos. A marca dessa diferença e dessa desigualdade perpassa toda a socialização de tais indivíduos em casa, na escola, na rua e em todos os espaços públicos são marcados pela supervalorização da branquitude e pela preferência do branco em relação ao não branco.

O fato de o preconceito racial recair sobre a população não branca está diretamente relacionado ao fato de os privilégios raciais estarem associados aos brancos. O branco não é apenas favorecido nessa estrutura racializada, mas é também produtor ativo dessa estrutura, por meio dos mecanismos mais diretos de discriminação e da produção de um discurso que propaga a democracia racial e o branqueamento. Esses mecanismos de produção de desigualdades raciais foram construídos de tal forma que asseguraram aos brancos a ocupação de posições mais altas na hierarquia social, sem que isso fosse encarado como privilégio de raça. Isso porque a crença na democracia racial isenta a sociedade brasileira do preconceito e permite que o ideal liberal de igualdade de oportunidades seja apregoado como realidade. Desse modo, a ideologia racial oficial produz um senso de alívio entre os brancos, que podem se isentar de qualquer responsabilidade pelos problemas sociais dos negros, mestiços e indígenas (Bento, 2002).

A preocupação com e o enfoque sobre as relações raciais na sociedade brasileira, no entanto, têm mudado muito nos últimos anos. As agências governamentais, bem como os programas específicos no âmbito dos governos federal, estadual e municipal, foram criados com o intuito de diminuir as desigualdades provocadas pelo racismo. A sociedade brasileira e, mais especificamente, o Estado começam, enfim, a responder timidamente às demandas e reivindicações da luta política do movimento negro. Como exemplo podemos citar a adoção de cotas para negros por algumas universidades, a institucionalização, por alguns estados, de um dia para a consciência negra, a criação da Secretaria de Igualdade Racial[2] e a Lei Federal n. 10.639, que tornou obrigatório o ensino de História da África e da cultura afro-brasileira nas escolas de ensino fundamental e médio.

A criação de ações afirmativas para a população negra brasileira trouxe à tona, ademais, antigos questionamentos sobre a formação do povo brasileiro e novas perguntas acerca das identidades raciais, tais como: quem é branco e quem é negro? Sobre essa questão encontramos em diferentes áreas das ciências humanas trabalhos que visam a compreender como a ideia de raça afeta o negro brasileiro. Não nos perguntamos, no entanto, sobre a experiência e as construções cotidianas do próprio sujeito branco como pessoa racializada. Trata-se da experiência da própria identidade branca que, segundo Ruth Frankenberg (2004), é vivida imaginariamente como se fosse uma essência herdada e um potencial que confere ao indivíduo poderes, privilégios e aptidões intrínsecas. Dessa forma, alguns autores (Bento, 2002; Piza, 2002) e os estudos críticos da branquitude apontam para a importância de estudar os brancos com o intuito de desvelar o racismo, pois eles, intencionalmente ou não, têm um papel importante na manutenção e legitimação das desigualdades raciais.

Apesar das preocupações e da luta contra a discriminação racial serem fundamentais para uma sociedade mais justa e humana, a psicologia pouco se debruçou sobre a questão das relações raciais no Brasil. Nas grades curriculares das faculdades de psicologia brasileiras raramente encontramos qualquer menção ao tema da raça e do racismo nas disciplinas obrigatórias. A formação de psicólogos ainda está centrada na ideia de uma humanidade uni-

---

2 Secretaria extinta em 2016, no governo Temer. Optamos por manter no texto pelo caráter histórico.

versal e de um desenvolvimento do psiquismo humano igual entre os diferentes grupos racializados. Assim como as categorias de classe e de gênero são fundamentais na constituição do psiquismo humano, a categoria raça é um dos fatores que constitui, diferencia, hierarquiza e localiza os sujeitos em nossa sociedade.

Assim, é importante perguntar: quais os significados da branquitude em nossa cultura? De que forma ela se caracteriza? Quais as identificações em termos de semelhanças e diferenças que os sujeitos brancos constroem com a branquitude? Quais os processos em que a raça opera na constituição dos sujeitos como brancos? Como a própria ideia de raça e os valores da branquitude diferenciam e hierarquizam internamente o grupo de brancos em nossa sociedade? A questão aqui é entender como os pressupostos falsos ou imaginários sobre a raça – quando esta, do ponto de vista biológico, não existe – passaram a ter efeitos concretos tão poderosos que regulam práticas cotidianas, percepções, comportamentos e desigualdades entre diferentes grupos humanos.

Para contribuir com essas reflexões neste trabalho, procurei compreender de que forma a ideia de branquitude é apropriada e constituída pelos sujeitos brancos na cidade de São Paulo.

Ao contemplar esse objetivo, no **capítulo I, "Notas sobre a pesquisa"**, exponho como se deu minha vinculação ao tema, à pesquisa, aos sujeitos entrevistados, enfim, os caminhos percorridos para a realização deste trabalho.

No **capítulo II, "Branquitude"**, mostro os estudos precursores sobre branquitude e faço uma breve revisão histórico-conceitual do tema nos planos nacional e internacional.

No **capítulo III, "Raça e racismo"**, abordo como se construiu a ideia de raça no século XIX e como foi apropriada no Brasil. Analiso, conceitual e historicamente, raça e racismo no contexto global e nacional e finalizo contextualizando politicamente o conceito de raça na contemporaneidade brasileira.

No **capítulo IV, "A construção da branquitude na cidade de São Paulo"**, descrevo a formação étnico-racial e a composição atual da cidade de São Paulo, bem como a construção contemporânea da branquitude nessa cidade.

No **capítulo V, "Aspectos psicossociais da branquitude paulistana"**, descrevo como as características construídas sobre raça no século XIX são apropriadas pelos sujeitos e exponho as formas pelas quais se concretizam a manutenção, a legitimação e o poder da branquitude na contemporaneidade paulistana.

No **capítulo VI, "Fronteiras e hierarquias internas da branquitude"**, analiso como os significados construídos sobre a branquitude exercem poder sobre o próprio grupo de indivíduos brancos, marcando diferenças internas. Assim, a branquitude é frequentemente deslocada dentro das diferenças de origem, regionalidade, gênero, fenótipo e classe, o que demonstra que a inclusão na categoria branco é uma questão controversa e que alguns tipos de branquitude são marcadores de fronteiras hierárquicas da própria categoria.

No **capítulo VII, "Fissuras entre a brancura e a branquitude: possibilidades para a desconstrução do racismo"**, apresento, por meio da análise de brancos que não se identificam com a branquitude, algumas possibilidades para a desconstrução do racismo nas identidades raciais brancas.

Nas **"Considerações finais"**, procuro alinhavar os capítulos anteriores, expondo os principais achados da pesquisa e estabeleço algumas perspectivas para novos estudos no campo.

CAPÍTULO I – NOTAS SOBRE A PESQUISA

Um dos aspectos fundamentais da pesquisa que resultou neste livro foi a indicação feita por minha orientadora, Leny Sato, do departamento de psicologia social da USP, que me orientou a procurar um método mais livre e que levasse em conta encontros espontâneos e conversas diárias. Nessa perspectiva, Peter Kevin Spink (2003), no texto "Pesquisa de campo em psicologia social: uma perspectiva pós-construcionista", propõe aos pesquisadores de psicologia social uma inserção horizontal no tema a ser investigado, que privilegia o cotidiano, os microlugares e o dia a dia. Nessa nova proposta, que ele nomeia de "campo-tema", "o campo não é mais um lugar específico, mas se refere à processualidade de temas situados" (p. 18). Assim, o campo começa quando o pesquisador se vincula à temática a ser pesquisada, e o que vem depois é a trajetória que se segue a esta opção inicial. Nesse sentido, a pesquisa foi realizada em diversos momentos e lugares, e até mesmo minhas experiências pessoais foram inseridas na análise deste livro.

O objetivo desse trabalho foi compreender de que forma a ideia de branquitude é apropriada e constituída pelos sujeitos brancos na cidade de São Paulo. Para essa compreensão, foi necessário, primeiramente, compreender quais são os significados e discursos sobre raça construídos em nossa sociedade. Nesse sentido, os estudos sobre raça e racismo me deram o aprofundamento teórico sobre o tema. Posteriormente, eu investiguei como esses estudos poderiam embasar as interpretações dos depoimentos ao mesmo tempo em que embasavam a própria fala dos sujeitos pesquisados.

Alinhado com o objetivo deste trabalho e com a concepção de "campo-tema" feita por Spink, o método adotado teve como propósito ser capaz de apreender os significados e sentidos que a categoria "raça" tem na constituição da subjetividade, no cotidiano, no dia a dia, nos discursos, nas conversas e nas atitudes desses sujeitos. O método qualitativo apareceu como a melhor opção para apreensão desses dados, pois a abordagem qualitativa caracteriza-se por procurar formas para compreender o processo pelo qual as pessoas constroem significados e os descrevem.

Para a apreensão dos dados, utilizei o instrumento da entrevista e também a observação cotidiana de falas informais sobre a temática. Nessas observações, fiz anotações (caderno de campo) do que presenciei/observei/constatei em diferentes lugares de convivência do meu cotidiano, tais como reuniões em casa de amigos, grupos de estudos, café da universidade, bares, festas, exposições etc. Nesses lugares, de alguma forma, o tema dessa pesquisa aparecia como assunto, polêmica, piadas, brincadeiras, discussões implícitas e/ou explícitas. A escolha de fazer anotações em diversos momentos do meu cotidiano está necessariamente ligada ao tema dessa pesquisa, pois eu acreditava, através das leituras sobre o tema, que falar explicitamente sobre raça e racismo no Brasil não é algo fácil,[3] lembrando a clássica expressão de Florestan Fernandes:

---

3   Em 1995, uma pesquisa do Datafolha informou que 89% dos entrevistados disseram que no Brasil havia preconceito de cor em relação aos negros e, paradoxalmente, 88% dos mesmos entrevistados afirmaram que não tinham preconceito em relação aos negros. Em 2003, pesquisa da Fundação Perseu Abramo colheu que 91% dos entrevistados reconheciam que existia preconceito de cor em desfavor dos negros, porém 96% negaram que eram preconceituosos em relação aos negros. Fonte: <www.fpa.org.br>.

"O brasileiro tem preconceito de ter preconceito". Considerei como hipótese que as entrevistas mostrariam as contradições, as ambiguidades dentro de um discurso em que o racismo seria velado.

Imersa neste "campo-tema", tentei buscar compreender de que forma esses sujeitos brancos, que convivem nos mesmos ambientes que eu, haviam naturalizado o fato de que um número muito pequeno de negros convive entre nós, ou seja, naturalizaram que nossos professores, nossos médicos, nossos advogados, nossos psicólogos, nossos senadores, deputados etc. são brancos, assim como naturalizaram que os pedintes na rua, os lixeiros, os catadores, as empregadas não são brancos. Apesar da igualdade formal, presente na letra da lei e de importância inquestionável, é na vivência cotidiana que a ideologia que reforça as iniquidades de raça é mais explicitamente percebida. São nas relações sociais cotidianas, ou seja, no interior das empresas, nas famílias, no interior dos lares, nos hospitais, em cada parte da nossa sociedade que os brancos adquirem privilégios e os negros são discriminados por sua cor/raça.

As conversas informais

Seguindo a ideia de Leny Sato, um dos fatores que enriqueceram esta pesquisa foram as conversas informais que tive e ouvi *com* e *de* diversas pessoas nas ruas, nos bancos, nos bares, em casas de amigos etc. Cito aqui dois exemplos ilustrativos. Durante uma festa, um conhecido me perguntou o que eu estudava. Respondi em linhas gerais que estudava branquitude e que isso significava entender o que era ser branco no Brasil. Justifiquei rapidamente o motivo de minha pesquisa, explicando que no Brasil os estudos sobre racismo eram, em grande parte, feitos com as vítimas do racismo, e que era necessário também entender os protagonistas de atitudes racistas.[4] Este meu amigo me perguntou rapidamente se eu achava que tinha uma característica que unificava os brancos. Respondi que achava que os brancos no Brasil não se consideravam racializados, ou seja, não responderiam que eram brancos caso alguém perguntasse a eles de que raça eles eram. Dessa forma, esse amigo ficou interessado na pesquisa e saiu perguntando para cerca de 15 pessoas (todas consideradas, por mim, brancas) o seguinte: "De que raça você é?". Descrevo aqui algumas das respostas:

"Raça? Sou tupi-guarani!" – Uma moça branca, ruiva, de olhos azuis.

"Eu? Sou rottweiler, aliás, sou mais brava que estes cachorros" – Uma moça branca, loira, de olhos azuis.

"Raça? Que pergunta é esta? Ué, sou da raça humana" – Um moço branco, cabelos castanhos.

"Eu? Sou marciano" – Um moço branco e loiro.

Entre as 15 pessoas abordadas, apenas uma respondeu que era branca. Nesse momento, meu amigo cogitou a hipótese de que o mesmo aconteceria entre os negros. Disse a ele que eu não saberia responder a essa pergunta, mas achava que a variedade de respostas dos negros não seria igual à dos brancos, que nesse caso puderam brincar com a ideia de raça livremente e cogitar responder entre raça de cachorros, etnias indígenas e alienígenas. A partir da literatura estudada anteriormente, respondi ao meu

---

4   Aqui, como explicado na seção anterior, não parto do pressuposto de que apenas os brancos são racistas, já que vivemos em uma cultura racista, e tanto brancos como negros subjetivam, a partir da ideologia do branqueamento, a ideia de superioridade racial branca. No entanto, as consequências dessa ideologia atuam diferentemente na constituição das identidades raciais dos brancos e dos negros.

amigo que achava que os negros também teriam uma variável enorme de respostas a essa pergunta, porém ligada a diferentes nomes dados à cor da pele. Naquela mesma festa, entre os músicos, havia quatro negros. Meu amigo então resolveu fazer a mesma pergunta a eles. Descrevo aqui as respostas:

"Sou negro" – Moço negro de cabelos pretos e enrolados.

"Minha raça? Minha raça é a raça morena!" – Moço negro de cabelos pretos e lisos.

"Sou de pele escura" – Moço negro de cabelos pretos e enrolados.

"Sou negra" – Moça negra de cabelos pretos e enrolados.

Este exemplo deixa evidente uma das facetas daquilo que fez com que Ruth Frankenberg, uma das precursoras dos estudos sobre branquitude, definisse essa identidade como um lugar estrutural de onde o sujeito branco vê os outros e a si mesmo. Uma posição de poder, um lugar confortável do qual se pode atribuir ao outro aquilo que não se atribui a si mesmo: a raça (1999, p. 11). Ou seja, a possibilidade confortável de brincar com a instável categoria de raça, neste caso, é dada aos brancos, pois essa mesma possibilidade não pode ser negociada pelos sujeitos negros que estavam presentes naquela festa. Eles puderam negociar a partir do próprio fenótipo o nome que iriam usar para a autoclassificação da cor da pele,[5] mostrando, assim, a impossibilidade de desracialização à qual esses sujeitos estão submetidos em nossa sociedade.

O outro exemplo ilustrativo sobre como as conversas informais para esta pesquisa colaboraram para a compreensão desse objeto de investigação ocorreu quando fui a uma consulta médica e a

---

[5] No capítulo III, há uma explicação de como no Brasil as categorias "cor" e "raça" estão coladas uma à outra.

doutora me perguntou o que eu fazia. Eu disse que estava fazendo doutorado em psicologia. Quando me perguntou o tema, para ser sucinta, respondi que estudava os brancos. Em seguida, ela respondeu: Ai, que bom, alguém neste mundo estuda os brancos! Realmente estamos precisando de espaço. Você viu que agora querem dar cotas para os negros não só na universidade, mas também na passarela? Daqui a pouco vão pedir cotas para modelos deficientes, obesas e também para as feias.

Não vou me ater aqui a uma análise do preconceito contra as pessoas com deficiências, obesas ou fora do padrão de beleza vigente. No entanto, a fala da médica me fez perceber algo fundamental: o fato de eu ser branca possibilitou que os sujeitos, muitas vezes, se sentissem confortáveis para falar o que realmente pensam do tema. Em outras situações, alguns sujeitos viam em mim alguém que iria dar lugar aos brancos e defendê-los, como se estes estivessem sendo injustiçados pelo sistema de políticas afirmativas relacionadas aos negros.

A entrevista

A entrevista é aqui compreendida como um processo de comunicação e interação entre pesquisador e pesquisado, no qual significados, interpretações e informações são produzidos.

Para Bourdieu (1999), a relação estabelecida na entrevista entre pesquisador e pesquisado pressupõe dois tipos de dissimetria: a primeira ocorre porque "é o pesquisador que inicia e estabelece a regra do jogo, é ele quem, geralmente, atribui à entrevista, de maneira unilateral e sem negociação prévia, os objetivos e hábitos" (p. 695). A segunda dissimetria se constitui pela posição relacional em que o pesquisador e o pesquisado podem se encontrar quando há uma hierarquia das diferentes espécies de capital, especialmente entre capitais culturais e simbólicos distintos, e que em termos linguísticos pode resultar em distorções, que devem ser reconhecidas e dominadas pelo pesquisador. Levando em conta essas dissimetrias, Bourdieu (1999) propõe que os pesquisadores que utilizam o método da entrevista tentem dominar e reduzir ao máximo, sem a pretensão de anular por completo, a comunicação violenta que pode surgir dessa relação. Para isso, ele propõe que o pesquisador tenha uma escuta ativa e metódica em que:

> [...] associa a disponibilidade total em relação à pessoa interrogada, a submissão à singularidade de sua história particular, que pode conduzir, por uma espécie de mimetismo mais ou menos controlado, a adotar sua linguagem e a entrar em seus pontos de vista, em seus sentimentos, em seus pensamentos, com a construção metódica, forte, do conhecimento das condições objetivas, comuns a toda uma categoria. (p. 695)

A outra proposta que Bourdieu (1999) coloca, para que seja possível uma relação de comunicação menos violenta entre pesquisado e pesquisador, é agir, em certos casos, sobre a própria estrutura da relação, ou seja, na própria diferença entre capitais simbólicos e culturais e, portanto, na escolha dos sujeitos interrogados e interrogadores. Para isso, uma das possíveis formas é que os pesquisadores encontrem entre pessoas conhecidas, ou apresentadas por conhecidos, os sujeitos que serão interrogados, pois a familiaridade assegura condições de comunicação não violenta. Nesse sentido, eu já havia percebido que certos conteúdos veiculados por sujeitos brancos só seriam ditos a uma entrevistadora branca, e que apenas pesquisadores negros têm acesso a certos conteúdos veiculados por sujeitos negros, já que é necessário considerar que a relação entre pesquisador e pesquisado, neste caso, é bastante afetada pelas tensões raciais não explícitas existentes no Brasil (Piza, 2002; Rosenberg, 2007).

Dessa forma, pelo fato de o recorte desta pesquisa ser o de investigar a categoria "raça" e os significados da branquitude na constituição de sujeitos brancos, concedi-me a liberdade de estabelecer apenas dois critérios para escolher os sujeitos de pesquisa. O primeiro é o sujeito ser classificado como branco por ele mesmo e por mim. O segundo critério é ter residência em São Paulo, além de vontade e disponibilidade para ser entrevistado. É importante ressaltar que tanto a literatura sobre raça e racismo no Brasil quanto as entrevistas mostram que as categorias de gênero, classe[6] e geração são também definidoras dos significados atribuídos à identidade racial. Mas, como o intuito desta pesquisa é buscar a compreensão da categoria "raça", considerei relevante que esta fosse investigada exatamente em sua heterogeneidade.

Nesse sentido, é importante explicitar que uma de minhas hipóteses é que a categoria de raça presente no imaginário da população é ainda aquela produzida pela ciência moderna nos séculos XIX e XX, e que serve para classificar a diversidade humana em grupos fisicamente contrastados, que têm características fenotípicas comuns, sendo estas tidas como responsáveis pela determinação das características psicológicas, morais, intelectuais e estéticas dos indivíduos dentro desses grupos, situando-se em uma escala de valores desiguais (Munanga, 2004).

Por isso, procurei fazer um roteiro de entrevistas que deli-

---

6 Diversos estudos foram feitos no Brasil com o intuito de perceber as interseções possíveis entre raça e classe. Ver, entre outros: Octavio Ianni (1972), *Raças e classes no Brasil*, Rio de Janeiro, Civilização Brasileira; Florestan Fernandes (1978), *A integração do negro na sociedade de classes*. São Paulo: Ática; e A.S.A. Guimarães (2002), *Classes, raças e democracia*, São Paulo, Editora 34.

mitasse grandes focos norteadores sobre o significado e o sentido de ser branco e a relação deste com a categoria "raça". Desta forma, as perguntas foram construídas com o intuito de perceber *se* e *como* os sujeitos relacionavam características sobre a branquitude com características morais, psicológicas, intelectuais e estéticas. Tentei buscar, por assim dizer, a compreensão de como estes contrastavam tais características com a de outros grupos racializados.

Os entrevistados

O fato de eu considerar a mim mesma como branca no contexto brasileiro e de ter sido socializada dentro da classe média paulistana, em que a maioria dos sujeitos se considera branca, facilitou a localização dos entrevistados, já que, instruída pela ideia de familiaridade, proposta por Bourdieu (1999), apenas perguntei a conhecidos se estes tinham alguém para apresentar-me que se interessaria em ser entrevistado para uma pesquisa de doutorado sobre ser branco. Rapidamente, amigos de amigos se colocaram à disposição por e-mail e telefone. Entrevistei, ainda, alguns moradores de rua, cujos contato e localização foram-me passados por uma amiga, funcionária de um abrigo. Também pedi diretamente para entrevistar Vinicius, o guarda noturno da rua em que moro, e Lilian, babá do filho de uma amiga. Aqui é importante dizer que todos os sujeitos foram solícitos, abertos e, em alguns casos, estavam entusiasmados em participar da pesquisa.

Para descrever os sujeitos, registrei nas entrevistas os seguintes dados: nome,[7] idade, cidade de origem, profissão, autodefinição racial, autodefinição de classe social e a origem da família dos sujeitos entrevistados. O quadro abaixo apresenta esse panorama. No entanto, muitas das falas analisadas são de conversas informais e, portanto, os dados desses sujeitos não estão neste quadro.

---

7   Nomes fictícios.

Nome fictício	Idade/ estado civil	Cidade de origem	Profissão	Autodefinição de classificação socioeconômica	Autodefinição racial	Cor/Raça Origem da família (mencionada por eles)
Isabela	24 Solteira	João Pessoa – PB	Jornalista	Classe média	Branca	Italiana e Portuguesa
Pedro	30 Solteiro	São Paulo – SP	Jornalista	Classe média baixa	Branco	Alemã, Portuguesa e Negra
Vinicius	55 Casado	Diamante – PB	Vigia noturno	Classe baixa	Branco	Brasil Paraíba
Lilian	36 Divorciada	São Paulo – SP	Empregada doméstica	Classe baixa	Branca	Brasil Bahia
Vanessa	26 Solteira	São Paulo – SP	Propagandista médica	Classe média alta	Branca	EUA e Itália
Silvia	36 Divorciada	São Paulo – SP	Historiadora	Classe alta	Branca	Líbano Alemanha
Marcelo	28 Solteiro	São Paulo – SP	Designer gráfico	Classe média	Branco	Italiana
Tadeu	18 Solteiro	Santos – SP	Engraxate	Pobre	Branco	Não sabe
Fernanda	72 Divorciada	Ourinhos – SP	Não trabalha	Classe alta	Branca	Portugueses
Marília	55 Casada	São Paulo – SP	Advogada	Classe alta	Branca	Italianos

Joana	32 Solteira	São Paulo – SP	Psicóloga	Classe média	Branca	Portugueses
Yara	33 Solteira	São Paulo – SP	Dançarina	Classe média	Branca	Italianos
João	38 Casado	São Paulo – SP	Comerciante	Classe média	Branco	Portugueses
Denise	30 Casada	São Paulo – SP	Publicitária	Classe média	Branca	Italianos

Nessa condução da entrevista, minha primeira hipótese era que as perguntas do meu questionário eram muito diretas e que talvez não fizessem sentido para os entrevistados. Imaginava que perguntar a eles sobre ser branco e sobre raça não seria algo fácil. Também tinha a hipótese retirada da pesquisa do Datafolha (1995) que indicava que, ao perguntar se já haviam sido protagonistas de atitudes racistas, os sujeitos diriam que não. Porém, fiquei surpresa com a facilidade que tiveram para responder às perguntas, bem como para descrever momentos em que foram autores de atitudes racistas. Durante todas as entrevistas, procurei ouvir atentamente e não interromper os sujeitos entrevistados, de forma a possibilitar que eles emergissem e discorressem livremente sobre o tema.

O fato de eu me considerar, no contexto social brasileiro, branca e também de a maioria dos sujeitos me conhecer (pelo menos de vista e às vezes por ser do mesmo círculo de amizade) formaram a via que me conduziu a conteúdos emocionais dos sujeitos e que me possibilitou uma análise mais rica do tema. Em alguns casos, observei que os entrevistados se sentiam muito à vontade para falar conteúdos racistas ou conteúdos em que afirmavam uma superioridade racial do branco no que se refere a padrões estéticos e também morais. Minha hipótese, neste caso, é que o fato de eu ser identificada como uma pessoa branca – e de me identificar como tal, uma vez que estou inserida na mesma estrutura de identificação racial que problematizo, fez com que os entrevistados não sentissem que um gesto racista fosse interpretado como ofensa pessoal a mim. Em outros momentos cheguei até a pensar que esses sujeitos estivessem buscando, equivocadamente, uma forma de me agradar. Cogitei até a hipótese de que, pelo enunciado da pesquisa ser "investigar a branquitude", esses sujeitos poderiam pensar que eu estava comprometida com o enaltecimento dos sujeitos brancos e, desse modo, sentiram-se confortáveis para afirmar essa ideia de superioridade racial branca.

A compreensão e a interpretação das informações produzidas ao longo da investigação foram realizadas a partir de procedimentos de análise de discurso, com base nos pressupostos de Bakhtin (1993, 2003, 2006), em sua interface com a psicologia histórico-cultural. Nesse procedimento de análise, as falas dos sujeitos são compreendidas a partir do contexto em que se dão e da relação dialógica com o pesquisador. Conforme Bakhtin (2003), "[...] o significado da palavra refere uma determinada realidade concreta em condições igualmente reais de comunicação discursiva" (p. 291). A linguagem e os signos são concretos e materiais, não apenas em sua sonoridade ou escrita, mas também porque os significados são produzidos e produtores do social "refletem e refratam a realidade" (Bakhtin, 2006, p. 32).

Assim, na análise, procurei compreender os discursos dos sujeitos sobre raça e branquitude e, portanto, não tratei de analisar a identidade dos sujeitos, mas sim a construção social (e não individual) sobre raça e branquitude. Essas categorias só podem ser analisadas considerando o **contexto** histórico-social e suas condições de produção; significa ainda dizer que as falas dos entrevistados refletem uma visão de mundo determinada, necessariamente, na sociedade em que vivem.

Os deslocamentos de contexto

Uma das experiências interessantes que me fizeram pensar muito sobre a fluidez da raça e a arbitrariedade de suas classificações foi o tempo em que passei como estudante de intercâmbio sanduíche, durante um semestre de doutorado, na Universidade da Califórnia, em Santa Bárbara, nos Estados Unidos. Lembro exatamente de duas situações que me fizeram compreender, de fato, tudo aquilo que eu havia lido e entendido teoricamente, mas que talvez ainda não houvesse compreendido de forma tão objetiva: raça é uma categoria intrinsecamente ligada a poder e hierarquias e a classificação de cada sujeito pode, de fato, mudar dependendo da história e dos significados construídos sobre cada grupo em cada lugar do globo.

A primeira situação foi quando fui me inscrever para um curso na universidade e a ficha de inscrição pedia nome, endereço, idade e algo que nomearam de *"ethnic background"*. Nas opções estavam: 1 – Índio Americano ou Nativo do Alaska; 2 – Asiático; 3 – Ilhas pacíficas ; 4 – Afro-norte-americano (não hispânico); 5 – Branco (não hispânico); 6 – Hispânico; 7 – Filipino; 8 – Outros não brancos.

Olhando a folha de inscrição, fiquei alguns minutos tentando entender onde eu me encaixava, já que a classificação norte-americana misturava um pouco aquilo do que até então eu entendia por raça, por etnicidade e nacionalidade. No entanto, mais do que qualquer categoria sociológica, a classificação estava ligada a lugares de poder que ocupam os sujeitos na sociedade norte-americana. Não soube em que lugar me classificar e a primeira possibilidade que pensei foi escolher a alternativa "Branca", pois esta é minha classificação no Brasil. Resolvi, contudo, indagar a atendente e ela perguntou qual era a minha nacionalidade. Respondi que era brasileira e ela falou que eu poderia colocar "hispânica" ou "outros não brancos". Fiquei pensando que, identitariamente, nunca havia me pensado como "hispânica", tampouco como "não branca". Logo depois, tentei entender qual seria a lógica classificatória daquele questionário e imaginei as seguintes questões: onde se encaixaria o presidente americano Barack Obama? Ele nasceu no Havaí (ilhas pacíficas), mas é classificado como afro-norte-americano. Onde se encaixaria, por sua vez, um nigeriano? Em "outros não brancos" ou em "afro-norte-americano (não hispânico)"? E um brasileiro branco? "Branco não hispânico" ou "hispânico"? Ou "outros não brancos"? E um brasileiro negro? "Outros não brancos"? E no caso de um chinês nascido na China? "Asiático"? E um descendente de chinês há quatro gerações nascido nos Estados Unidos? "Asiático" também? O que ele teria de identidade étnica com o chinês nascido na China? Qual deveria ser a resposta relacionada à ocidentalidade de sua cultura? E os dois brasileiros? Correspondem a etnicidades diferentes ou a fenótipos diferentes?

Enfim, depois de tantas perguntas em escala, vi que, realmente, as minhas classificações mentais sobre o que é ser brasileira não serviam para entender o cenário americano.

A segunda situação, realmente marcante, foi em uma rodoviária. Assim que cheguei aos Estados Unidos, parei para conversar com um rapaz afro-norte-americano. Ele me disse o seguinte: você pode reparar que aqui nos EUA só os não brancos pegam ônibus e usam a rodoviária. Eu olhei para todos os que estavam lá, que, para mim, até então, eram sujeitos brancos (no Brasil seriam classificados como brancos) e rapidamente observei que ao meu redor só havia três negros. Os demais, para mim, eram brancos. No entanto, para a classificação americana, naquela rodoviária todos eram não brancos, pois, localizada na Califórnia, a rodoviária estava cheia de latinos: estes que, por sua vez, em seus países de origem são classificados como brancos, lá não eram.

O fato de ter que mudar a chave de entendimento racial assim que mudei de cidade foi muito importante para a compreensão sobre a branquitude e sobre as categorias raciais, fato, portanto, marcante para a realização deste trabalho.

CAPÍTULO II – BRANQUITUDE

> *"O racismo e o colonialismo deveriam ser entendidos como modos socialmente gerados de ver o mundo e viver nele."*
>
> (Frantz Fanon)

2.1 O lugar do branco nas relações raciais: primeiros estudos

A partir da década de 90 do século passado, os estudos sobre raça e racismo nos Estados Unidos começaram a mudar seu enfoque, e novos olhares sobre o tema começaram a surgir. O movimento de mudança nesses estudos se deu quando os olhares acadêmicos das ciências sociais e humanas se deslocaram dos "outros" racializados para o centro sobre o qual foi construída a noção de raça, ou seja, para os brancos. Esses novos enfoques foram chamados de "estudos críticos sobre a branquitude" (*critical whiteness studies*). Apesar de os Estados Unidos serem pioneiros nos estudos sobre branquitude, encontramos produções acadêmicas sobre essa temática na Inglaterra, na África do Sul, na Austrália e no Brasil (Cardoso, 2008).

O fato de os estudos sobre branquitude se formarem como um campo de estudo transnacional e de intercâmbio entre ex-colônias e colonizadores corresponde à cadeia de processos históricos que começa com o projeto moderno de colonização, que desencadeou a escravidão, o tráfico de africanos para o Novo Mundo, a colonização, as formações e construções de novas nações e nacionalidades em toda a América e a colonização da

África. Portanto, são nesses processos históricos que a branquitude começa a ser construída como um constructo ideológico[8] de poder, em que os brancos tomam sua identidade racial como norma e padrão, e dessa forma outros grupos aparecem ora como margem, ora como desviantes, ora como inferiores. Nesse sentido, é importante pensar que as culturas nacionais e as identidades brancas e não brancas têm sido historicamente criadas, recriadas, significadas e redefinidas através das trocas circulares de símbolos, ideias e populações entre a África, a Europa e as Américas, e, assim, este campo de estudo também aparece com trocas de pesquisas e ideias entre esses continentes.

Segundo Steyn (2004), os estudos sobre raça marcados pela transferência do olhar das margens para o centro é um análogo lógico dos estudos feministas, que recolocaram a questão em outros parâmetros. Considerando a categoria "gênero" como relacional, passaram também a estudar e levantar "o problema do homem", retirando, assim, a mulher do foco problemático no qual recaíam os estudos sobre as desigualdades de gênero. Na mesma lógica, a heterossexualidade passou a ser questionada em sua norma e suas práticas com a finalidade de desmarginalizar a homossexualidade. Em todos esses casos, a lógica foi tirar o olhar das identidades consideradas de margem e voltar para a autoconstrução do centro com o intuito de olhar, revelar e denunciar também o seu conteúdo, que até então havia sido privado de uma análise crítica. Dyer (1988), em seu artigo "White", aponta que os estudos que apenas olharam e focaram os grupos minoritários contribuíram com a ideia de nor-

---

[8] O conceito de ideologia é compreendido aqui tal como propõe Chauí (1984). Assim, ideologia "é um 'fato' social justamente porque é produzida pelas relações sociais, possui razões muito determinadas para surgir e se conservar, não sendo um amontoado de ideias falsas que prejudicam a ciência, mas uma certa maneira da produção das ideias pela sociedade, ou melhor, por formas históricas determinadas das relações sociais" (p. 31).

ma dos grupos hegemônicos,[9] ou seja, olhar apenas para o negro[10] nos estudos de relações raciais ajudou a contribuir com a ideia de um branco em que a identidade racial é a norma:

> Olhar com tamanha paixão e unicidade de propósito para os grupos não dominantes teve o efeito de reproduzir o sentimento de estranheza, diferença e excepcionalidades desses grupos, o sentimento de que eles constituem desvios da norma. Entrementes, a norma seguiu adiante, como se fosse a maneira natural, inevitável e comum de sermos humanos. (Dyer, 1988, p. 44)

Apesar de os estudos críticos sobre a branquitude terem emergido nos Estados Unidos na última década do século passado, e, no Brasil, serem datados do início do século presente, alguns autores mais antigos foram precursores ao pensar a identidade racial branca (Cardoso, 2008).

Nos Estados Unidos da América, o sociólogo, historiador, filósofo e ativista político W.E.B. Du Bois, primeiro negro americano a se graduar em Harvard e a se doutorar em Berlim, escreveu um livro intitulado *Black Reconstruction in the United States*, publicado em 1935, em que analisou a classe trabalhadora branca norte-americana do século XIX em comparação ao trabalhador negro. O autor apresenta uma dinâmica que entrelaça as categorias

---

9 O conceito de hegemonia é entendido neste trabalho tal como propõe Raymond Williams, influenciado pela teoria gramsciana, como um "conjunto de práticas e expectativas, sobre a totalidade da vida: nossos sentidos e distribuição de energia, nossa percepção de nós mesmos e nosso mundo. É um sistema vívido de significados e valores – constitutivo e constituidor – que, ao serem experimentados como prática, parecem confirmar-se reciprocamente. Constitui assim um senso da realidade para a maioria das pessoas na sociedade, um senso de realidade absoluta, porque experimentada, e além da qual é muito difícil para a maioria dos membros da sociedade movimentar-se, na maioria das áreas da sua vida" (Williams, 1979, p. 113).

de raça, classe e *status*, demonstrando que a aceitação do racismo pela classe trabalhadora branca daquela época foi uma forma de se apropriar de benefícios, que Du Bois nomeou de salário público e psicológico, que resultavam em acessos a bens materiais e simbólicos que os negros não podiam compartilhar. Ou seja, os brancos trabalhadores, ao aceitarem a raça como divisor dessa classe, se aproximavam dos brancos de todas as outras classes sociais, dividindo com eles os mesmos acessos a lugares públicos, o mesmo direito a voto e, portanto, o *status* dado à branquitude. Aponta Roediger, comentando o trabalho de Du Bois:

> O sentimento de raça e os benefícios conferidos pela branquitude levaram os trabalhadores sulistas brancos a esquecer seus interesses praticamente idênticos aos dos negros pobres e a aceitar vidas apequenadas para si mesmos e para os mais oprimidos do que eles. (Roediger, 2004, p. 56).

Assim, a supremacia branca foi sendo formada pela classe trabalhadora branca dos Estados Unidos e pela constituição de uma identidade trabalhadora que se colocava em oposição aos trabalhadores negros, ou seja, estes sujeitos absorviam privilégios, identificando-se como "não escravos" e "não negros". O racismo dos brancos aparece no trabalho de Du Bois como uma forma de o trabalhador branco buscar posições de *status* que não conseguiria alcançar caso reconhecesse todos os trabalhadores como iguais, bem como uma forma de se alienar da condição de classe explorada na qual se encontrava.

---

10 No Brasil, de maneira geral, a questão da negritude tem sido mais investigada do que a do indígena e dos orientais, e estes estudos mostram que o contraponto do branco no imaginário coletivo tem sido o negro. Dessa forma, utilizo muitos destes trabalhos para a compreensão da branquitude, e por isto muitas vezes utilizo a categoria "negra", e não a de outras minorias. No entanto, irei analisar a forma como isso aparece nesta pesquisa nos capítulos que descrevem o campo.

O mesmo autor, no segundo capítulo de seu livro *Darkwater* (1920), publicou um ensaio intitulado "The souls of white folk" ["As almas do povo branco"], o qual, arrisco dizer, também nos dá estofo para começar a pensar em uma teorização sobre o que hoje chamamos de branquitude. Nesse sentido, o trabalho é precursor, pois é um dos primeiros que retratam o "branco" do ponto de vista de um escritor e teórico negro. Aqui temos uma virada epistemológica importante dos estudos raciais, pois nesse texto o objeto de estudo racial não é mais o negro estudado pelo branco, e sim, como poderemos ver na citação abaixo, um olhar posto sobre o branco feito por um sociólogo negro inserido em uma sociedade institucionalmente racista.

> No alto da torre, onde eu me sento acima das altas queixas do mar humano, eu sei de muitas almas que jogam e giram e passam, mas não há nenhuma que me intrigue mais do que as Almas do Povo Branco. Delas eu sou singular clarividente. Vejo nelas e através delas. Eu as vejo a partir de pontos de vista privilegiados. Não é como um estrangeiro que eu venho, pois sou nativo, e não estrangeiro, sangue do seu sangue e carne da sua carne. O meu conhecimento não é o do viajante ou o da antiga combinação de caras memórias, palavras e admiração. Nem é meu o conhecimento que os discípulos recebem dos mestres, ou das massas, ou ainda aquele que o capitalista recebe do artesão. Antes, eu vejo essas almas despidas e por todos os lados. Eu vejo o funcionamento de suas entranhas. Eu conheço seus pensamentos e elas sabem que eu conheço. Este conhecimento as torna ora envergonhadas, ora furiosas. Elas negam o meu direito de viver e ser, e chamam-me de aberração! Minha palavra é para elas apenas amargura e minha alma, pessimismo. E ainda como elas pregam, e sustentam e gritam e ameaçam, curvando-se ao agarrarem-se a farrapos de fatos e fantasias para esconder sua nudez, elas vão se torcendo, voando diante de meus olhos cansados e eu as vejo sempre desnudas, – feias, humanas. (Du Bois, 1920, p. 29, tradução minha).[11]

---

11 "High in the tower, where I sit above the loud complaining of the human sea, I know many souls that toss and whirl and

Nesse texto, o autor introduz também uma virada no pensamento racial do início do século XX, que não está mais ligada aos aspectos biológicos de uma população, mas é, sim, evocada por um sentido espiritual e cultural, ou seja, para o autor há uma unidade espiritual entre cada uma das raças humanas. Apesar de essa concepção de raça ter como consequência a essencialização metafísica e cultural do que é ser negro e do que é ser branco, nos dando assim margem para interpretações racistas sobre as diferenças humanas, é também por meio desse texto que surge a possibilidade de pensar sobre brancos e branquitude como parte das relações raciais, onde as desigualdades de oportunidades e de direitos da população negra estão diretamente relacionadas à vantagem e identidade racial do branco. É também essa concepção de raça como unidade espiritual que possibilitará uma união de luta solidária dos negros dentro da sociedade norte-americana. Dessa forma, para Du Bois a luta contra o racismo e contra a discriminação do negro nos EUA é também a única possibilidade para o negro americano estar no mundo com sua negritude, pois, para o autor, tanto o racismo como a representação negativa e estereotipada do negro dentro de uma sociedade branca com ideias e valores brancos não permitiriam a total realização e expressão do ser e estar negro no mundo.

A identidade racial branca também foi pensada por Frantz Fanon (1980), filósofo e psiquiatra formado na França, nascido na Ilha da Martinica, que influenciou muitos dos pensadores que escreveram sobre a diáspora africana e a opressão dos povos colo-

---

pass, but none there are that intrigue me more than the Souls of White Folk. Of them I am singularly clairvoyant. I see in and through them. I view them from unusual points of vantage. Not as a foreigner do I come, for I am native, not foreign, bone of their thought and flesh of their language. Mine is not the knowledge of the traveler or the colonial composite of dear memories, words and wonder. Nor yet is my knowledge that which servants have of masters, or mass of class, or capitalist of artisan.

nizados. Em 1952, o autor publicou seu livro de maior repercussão, *Pele negra, máscaras brancas*, que discute diversos assuntos ligados à questão da raça e a relação entre colonizado e colonizador como categorias importantes para se entender a constituição de subjetividades de sujeitos brancos e negros em contato. Segundo Fanon, a opressão colonial e o racismo da própria estrutura da colonização passaram também a dominar subjetivamente colonizados e colonizadores. No caso dos negros, a consequência seria uma não aceitação da sua autoimagem, da sua cor, o que resultaria em um "pacto" com a ideologia do branqueamento. Portanto, a construção do que o autor chama de "máscaras brancas" começa na rejeição de si próprio por parte do negro e em uma tentativa de fuga das características estereotipadas associadas negativamente aos não brancos na sociedade ocidental. Fanon afirma que o mesmo racismo subjetivado pelos negros também é apropriado pelos brancos, embora em uma relação assimétrica, na constituição das identidades raciais brancas. O resultado, no tocante ao funcionamento da categoria raça, seria um sentimento de superioridade dos brancos em relação aos não brancos. Deve-se lembrar que Frantz Fanon pensava o racismo não apenas como manifestação individual dos sujeitos, mas sim como manifestação cultural, o que hoje podemos nomear de racismo estrutural, isto é, a prática racista que se encontra inscrita na estrutura social, econômica, histórica e cultural das sociedades ocidentais (Fanon, 1980, p. 83).

> Rather I see these souls undressed and from the back and side. I see the working of their entrails. I know their thoughts and they know that I know. This knowledge makes them now embarrassed, now furious. They deny my right to live and be and call me misbirth! My word is to them mere bitterness and my soul, pessimism. And yet as they preach and strut and shout and threaten, crouching as they clutch at rags of facts and fancies to hide their nakedness, they go twisting, flying by my tired eyes and I see them ever stripped, – ugly, human."

O escritor e pensador tunisiano Albert Memmi (2007) também pode ser considerado outra referência para os estudos sobre branquitude, pois em sua publicação de 1957, *Retrato do colonizado precedido do retrato do colonizador*, ele se debruça sobre a situação tanto do colonizado quanto do colonizador. Ao descrever as consequências da colonização não só para o colonizado, mas também para o colonizador, esse autor se aproxima dos estudos da branquitude que procuram colocar a lógica opressora em xeque. Nesse sentido, o autor descreve não só a violência cometida contra o colonizado, mas também os privilégios do colonizador, ou seja, Memmi nos propõe a analisar tanto aquele que se apropria da colonização como agente da opressão quanto aquele que é oprimido por ela.

Na tese sobre colonizados e colonizadores, Memmi disserta com minúcias sobre diferentes situações em que a ideia de superioridade dos colonizadores europeus é apropriada tanto pelos próprios colonizadores quanto por aqueles que foram colonizados. E, dessa relação construída sócio-historicamente de maneira hierárquica, os sujeitos se apropriam concretamente dessa desigualdade e produzem subjetividades. Dessa forma, o autor afirma que nesta relação:

> A primeira tentativa do colonizado é mudar de condição mudando de pele. Um modelo tentador muito próximo se oferece e se impõe a ele: precisamente o do colonizador. Este não sofre de nenhuma de suas carências, tem todos os direitos, beneficia-se de todos os prestígios, dispõe das riquezas e das honras, da técnica e da autoridade. Ele é, enfim, o outro termo de comparação, que esmaga o colonizado e o mantém na servidão. (Memmi, 2007, p. 162).

Esse aspecto que tanto Fanon (1980) quanto Memmi (2007) apontam como característico das relações entre colonizados e colonizadores, entre brancos e negros, também foi discutido pioneiramente no Brasil pelo sociólogo Alberto Guerreiro Ramos, que introduziu no Brasil uma perspectiva que aponta as consequências do racismo e da ideologia do branqueamento para o próprio branco brasileiro.

Guerreiro Ramos, em 1957, publicou um artigo intitulado "A patologia social do 'branco' brasileiro", que tem como tese central o fato de que, devido ao racismo e a um ideal de beleza e estética brancas, a população brasileira produziu significados positivos para a branquitude, em contrapartida a significados estéticos e culturais negativos relacionados aos negros. Assim, para o autor, a patologia do "branco" brasileiro consiste no fato de que, apesar de a grande maioria destes ter ascendência cultural e biológica miscigenada com os negros, este é um fator negado por eles. É exatamente por isso que, no título do artigo, a palavra "branco" aparece entre aspas, pois o autor sustenta que no Brasil dificilmente existe branco puro, que seria aquele sem nenhuma mistura cultural e/ou biológica com o negro e a cultura afro-brasileira. A patologia, então ,seria o fato de que o branco brasileiro considera vergonhosas sua ancestralidade e cultura negras, enaltecendo a cultura europeia/branca, da qual não faz inteiramente parte.

Como consequência, devido à ideia de superioridade da identidade branca no imaginário brasileiro, para o autor a classificação racial do país tenderia a se branquear. Dessa forma, o brasileiro pardo tenderia a se classificar como branco, o negro como pardo-moreno e o branco tende a recusar qualquer mistura biológica ou cultural com o negro, pois assim todos fugiriam dos estereótipos negativos relacionados ao negro em nossa cultura.

Guerreiro Ramos (1957) também é o primeiro sociólogo brasileiro a questionar os estudos sobre o negro feitos pela sociologia e pela antropologia brasileiras. Para o autor, também faz parte dessa mesma patologia social do "branco" a maneira como se estudaram as relações raciais no país, em que apenas o negro se tornou tema e objeto de investigações, ou seja, a sociologia de sua época tornou o negro objeto de estudo, e não sujeito. Assim, para Ramos:

> Há o tema do negro e há a vida do negro. Como tema, o negro tem sido, entre nós, objeto de escalpelação perpetrada por literatos e pelos chamados 'antropólogos' e 'sociólogos'. Como vida ou realidade efetiva, o negro vem assumindo o seu destino, vem se fazendo a si próprio, segundo lhe têm permitido as condições particulares da sociedade brasileira. Mas uma coisa é negro-tema; outra coisa é negro-vida. O negro-tema é uma coisa examinada, olhada, vista, ora como ser mumificado, ora como ser curioso ou de qualquer modo como um risco, um traço da realidade nacional que chama a atenção. O negro-vida é, entretanto, algo que não se deixa imobilizar; é despistador, proteico, multiforme, do qual na verdade não se pode dar versão definitiva, pois é hoje o que não era ontem e será amanhã o que não é hoje. (Ramos, 1957, p. 171)

Dentro dessa mesma perspectiva, Alberto Guerreiro Ramos também é precursor em colocar a branquitude e os brancos brasileiros como objeto de análise sociológica necessária para o entendimento do racismo e das situações adversas às quais os não brancos brasileiros estão expostos:

> Dir-se-ia que na cultura brasileira o branco é o ideal, a norma, o valor, por excelência. E, de fato, a cultura brasileira tem conotação clara. Este aspecto só é insignificante aparentemente. Na verdade, merece apreço especial para o entendimento do que tem sido chamado, pelos sociólogos, de 'problema do negro'. (Ramos, 1957, p. 150)

Nesse sentido, podemos perceber a importância de Guerreiro Ramos, Du Bois, Fanon e Memmi no que se refere aos estudos internacionais e nacionais sobre branquitude, pois estes são os pioneiros nos estudos que apontam para a análise daqueles que exercem o papel de opressor em sociedades estruturalmente desiguais. Aqui é importante apontar que as teorias sobre branquitude, ao focarem o branco em suas pesquisas, não propõem que se acabem as pesquisas sobre a negritude, pois fica claro que os sujeitos negros, por estarem em uma posição de desvantagem nas relações raciais, também necessitam de estudos e investigações particulares. No entanto, o intuito dos trabalhos sobre branquitude é preencher a lacuna nos estudos sobre as relações raciais que por muito tempo ajudou a naturalizar a ideia de que quem tem raça é apenas o negro.

Apesar de a maioria dos estudos identificar como característica fundamental da branquitude uma posição na qual sujeitos de aparência branca e origem europeia adquirem privilégios simbólicos e materiais em relação aos não brancos (Bento, 2002; Frankenberg, 1999; Roediger, 2000), é possível perceber ainda outras inúmeras possibilidades de expressão da identidade racial branca, o que gera uma diversidade de modos de ser branco no mundo, cada um deles caracterizado por diferentes combinações em relação à branquitude. A complexidade de definir o que é a expressão da branquitude no mundo ocidental levou muitos intelectuais a pensarem sobre a questão. A seguir, apresentaremos algumas reflexões de estudos sobre o tema.

2.2 O campo crítico da branquitude: definição de um conceito

Definir o que é branquitude e quem são os sujeitos que ocupam lugares sociais e subjetivos da branquitude é o nó conceitual que está no bojo dos estudos contemporâneos sobre identidade branca. Isso porque, nesta definição, as categorias sociológicas de etnia, cor, cultura e raça se entrecruzam, se colam e se descolam umas nas outras, dependendo do país, região, história, interesses políticos e época que estamos investigando. Ser branco e ocupar o lugar simbólico da branquitude não é algo estabelecido por questões apenas genéticas,[12] mas sobretudo por posições e lugares sociais que os sujeitos ocupam. Portanto, a branquitude precisa ser considerada "como a posição do sujeito, surgida na confluência de eventos históricos e políticos determináveis" (Steyn, 2004, p. 121). Nesse sentido, ser branco tem significados distintos compartilhados culturalmente em diferentes lugares. Nos EUA, ser branco está estritamente ligado à origem étnica e genética de cada pessoa; no Brasil, está ligado à aparência, ao *status* e ao fenótipo; na África do Sul, fenótipo e origem são importantes demarcadores de brancura. Podemos então concordar com Sovik (2004), que argumentou que, no Brasil,

> ser branco exige pele clara, feições europeias, cabelo liso; ser branco no Brasil é uma função social e implica desempenhar um papel que carrega em si uma certa autoridade ou respeito automático, permitindo trânsito, eliminando barreiras. Ser branco não exclui ter sangue negro. (Sovik, 2004, p. 366)

Assim, a branquitude é entendida como uma posição em que sujeitos que a ocupam[13] foram sistematicamente privilegia-

---

12 Porém, a questão genética não pode ser descartada por completo, já que, querendo ou não, e a despeito do processo de branqueamento pelo qual passa parte significativa dos negros e mesmo a despeito do processo de ocidentalização (branqueamento) pelo qual passam alguns dos orientais (cirurgias nos olhos, cabelos loiros...), para ser branco, ou melhor, para que o sujeito seja reconhecido como branco, é necessário ter certa aproximação com algumas das características fenotípicas identificadas com os brancos, as quais são determinadas geneticamente.

13 É unânime, nos estudos sobre branquitude, que sujeitos descendentes de europeus sejam os que mais ocupam este lugar.

dos no que diz respeito ao acesso a recursos materiais e simbólicos, gerados inicialmente pelo colonialismo e pelo imperialismo, e que se mantêm e são preservados na contemporaneidade. Portanto, para se entender a branquitude é importante entender de que forma se constroem as estruturas de poder concretas em que as desigualdades raciais se ancoram. Por isso, é necessário compreender as formas de poder da branquitude, onde ela realmente produz efeitos e materialidades. Nas palavras de Foucault, trata-se, ao definir metodologicamente os estudos sobre poder, "de não analisar o poder no nível da intenção ou da decisão", mas sim de estudá-lo sob a perspectiva de sua externalidade, no plano do contato que estabelece com o seu objeto, com o seu campo de aplicação. Trata-se, afinal, de buscar o poder naquele exato ponto no qual ele se estabelece e produz efeitos (Foucault, 1999, p. 33).

Ou seja, é preciso pensar o poder da branquitude como princípio da circularidade ou transitoriedade (Foucault, 1999), compreendendo-o como uma rede na qual os sujeitos brancos estão consciente ou inconscientemente exercendo-o em seu cotidiano por meio de pequenas técnicas, procedimentos, fenômenos e mecanismos que constituem efeitos específicos e locais de desigualdades raciais. Pensar o poder da identidade racial branca dessa maneira também tem o intuito de retirar o olhar que aponta o racismo para cada sujeito em particular e redirecioná-lo para o entendimento de estruturas de poder sociais com as particularidades de cada sociedade em questão. Nesse sentido, é preciso concordar com Ware quando ela diz:

> Uma leitura crítica cuidadosa da reluzente cultura global confirma a necessidade de manter as definições de negritude e da branquitude relacionadas entre si, analisando-as como abstrações, sem perder de vista as situações e contextos es-

---

No entanto, dependendo da configuração histórica, econômica e social, outros sujeitos podem ocupá-lo.

pecíficos em que a raça é posta em jogo [...] é necessário sustentar uma dimensão internacional no estudo da branquitude que direcione o foco para a identidade racial dominante, as maneiras como o racismo escora a injustiça social e estrutura a desigualdade. (Ware, 2004, p. 17)

Para a compreensão das desigualdades indicadas por Ware, alguns pontos foram descritos por diferentes autores como características dessa posição de poder na qual a branquitude se aporta. São eles:

2.2.1 Invisibilidade ou fantasia de invisibilidade?

Edith Piza (2002) e Ruth Frankenberg (1999) argumentam que, se há algo característico da identidade racial branca, esta característica é a invisibilidade, que se concretiza diariamente através da falta de percepção do indivíduo branco como ser racializado. A brancura, nesse caso, é vista pelos próprios sujeitos brancos como algo "natural" e "normal". Edith Piza classifica essa identidade coletiva como uma construção em contraposição, na qual os não brancos são aqueles que têm a visibilidade da raça. Assim, para a autora, a branquitude só existe em relação.

> Não se trata, portanto, da invisibilidade da cor, mas da intensa visibilidade da cor e de outros traços fenotípicos aliados a estereótipos sociais e morais para uns, e a neutralidade racial para outros. As consequências dessa visibilidade para negros são bem conhecidas, mas a da neutralidade do branco é dada como 'natural', já que ele é o modelo paradigmático de aparência e de condição humana (Piza, 2002, p. 72).

A ideia de invisibilidade é complexificada por Frankenberg (2004) ao argumentar que não significa que a identidade racial branca seja invisível, mas sim que ela é vista por uns e não por outros, e que, dependendo dos interesses, ela é anunciada ou tornada invisível. Como exemplo podemos citar a discussão sobre as cotas raciais, na qual a maioria dos brancos sabe e vê sua branquitude para dizer que as cotas os excluem. Contudo, a autora sugere que essa invisibilidade acontece quando uma sociedade chega ao ponto de exibir uma hegemonia e uma ideia de supremacia racial branca poderosas, em que os não brancos não têm voz nem poder para apontar a identidade racial do branco, e tampouco os brancos conseguem se perceber como mais uma das identidades raciais, mas, ao contrário, eles se consideram pertencentes a uma única identidade racial normal, e, por isso, outras devem alcançá-la em níveis intelectuais, morais, estéticos, econômicos etc.

Cardoso (2008) e Wray (2004) mencionam o perigo de pensar a identidade racial branca como invisível, pois apontá-la como tal teria a função de privilegiar o ponto de vista dos brancos, que, sem autoconsciência de sujeitos racializados, não teriam como questionar suas vantagens raciais. Os autores, em contraponto a Piza, sustentam que a branquitude é, sim, visível para os brancos e que estes podem usar das vantagens dela por terem consciência de sua brancura.

Nesse sentido, podemos dizer que tanto a visibilidade quanto a invisibilidade aparecem em momentos em que os sujeitos adquirem privilégios por serem brancos. Veremos mais adiante como isso aparece nos dados desta pesquisa.

2.2.2 Privilégios materiais

Outros fatores relacionados à branquitude são os privilégios materiais que os brancos têm em relação aos não brancos. Isso significa que ser branco produz cotidianamente situações de vantagem em relação aos não brancos. Diferentes pesquisas demonstram que há para os brancos mais facilidades no acesso à habitação, à hipoteca, à educação, à oportunidade de emprego e à transferência de riqueza herdada entre as gerações. No Brasil, tais dados são evidentes em diferentes pesquisas de cunho quantitativo e qualitativo. A literatura dos estudos raciais demonstra a presença e a persistência das desigualdades raciais e da situação subalterna dos não brancos em relação aos brancos na sociedade brasileira (Fernandes, 1978; Guimarães, 1999a, 2002; Hasenbalg & Silva, 1988, 1992, 1999). Apesar de tais pesquisas serem direcionadas às desvantagens dos negros em nossa sociedade, um olhar focado nos brancos demonstra as vantagens que eles adquirem no que diz respeito ao acesso à educação, à saúde, ao emprego, à moradia e às diferentes formas de bem-estar social.

O *Relatório Anual das Desigualdades Raciais no Brasil* (2007, 2008), produzido pelo Laboratório de Análises Econômicas, Históricas, Sociais e Estatísticas das Relações Raciais,[14] demonstra os indicadores relacionados às vantagens dos brancos em relação aos não brancos no que diz respeito aos índices de mortalidade da população brasileira; ao acesso ao sistema de ensino; à dinâmica do mercado de trabalho; às condições materiais de vida; e ao acesso ao poder institucional, políticas públicas e marcos legais. É um estudo que tem por eixo fundamental o tema das desigualdades raciais e sua mensuração através de indicadores econômicos, sociais e demográficos. O estudo constatou que os brasileiros brancos vivem em "um país" com IDH médio equivalente à 44ª melhor posição no mundo, enquanto os brasileiros negros vivem em um "Brasil" onde o IDH médio é equivalente ao 104º lugar.

Aqui cabe ressaltar que os privilégios que os brancos recebem em relação aos negros já foram interpretados por diferentes discursos sociológicos como um fator relacionado apenas

---

14 Para um aprofundamento do tema, ver os dados produzidos em: http://www.laeser.ie.ufrj.br/relatorios_gerais.asp .

à condição de classe em que os negros foram inseridos após o regime escravagista, bem como à condição rural que os índios brasileiros têm como modo de vida. Contudo, vale dizer que os estudos de desigualdades raciais iniciados nos anos 1970 por Carlos Hasenbalg (1979) demonstram como o racismo no Brasil faz com que essa estrutura de desigualdade racial permaneça. Para o autor,

> [...] a raça, como fator fenotípico historicamente elaborado, é um dos critérios mais relevantes que regulam os mecanismos de recrutamento para ocupar posições na estrutura de classes e no sistema de estratificação social. Apesar de suas diferentes formas (através do tempo e espaço), o racismo caracteriza todas as sociedades capitalistas multirraciais contemporâneas. Como ideologia e como conjunto de práticas cuja eficácia estrutural manifesta-se numa divisão racial do trabalho, o racismo é mais do que um reflexo epifenomênico da estrutura econômica ou um instrumento conspiratório usado pelas classes dominantes para dividir os trabalhadores. Sua persistência histórica não deveria ser explicada como mero legado do passado, mas como servindo aos complexos e diversificados interesses do grupo racialmente supraordenado no presente. (Hasenbalg, 1979, p. 118)

Assim, o autor aponta falhas tanto na teoria marxista sobre a questão racial quanto nas teorias coloniais, demonstrando que a primeira não dá conta de explicar o racismo entre as classes baixas e fora das estruturas de classes, e a segunda não explica a exploração de classe, bem como as relações entre estrutura e dominação de classes, opressão e estratificações raciais. Para preencher essa lacuna nas duas interpretações, Hasenbalg demonstra como a opressão racial beneficia não só capitalistas brancos como também brancos não capitalistas. Assim sendo, a maioria dos brancos tem vantagens tanto com a opressão racial quanto com o racismo, pois são os mecanismos racistas que fazem com que a população branca tenha vantagem no preenchimento das posições da estrutura de classes que comportam os privilégios materiais e simbólicos mais desejados. Além disso, os brancos têm privilégios menos concretos, mas que são fundamentais no que se refere ao sentimento e à constituição da identidade dos indivíduos, tais como honra, *status*, dignidade e direito à autodeterminação.[15]

Outro ponto importante para os estudos raciais é a análise que Hasenbalg faz sobre os estudos da escravidão no Brasil. O autor critica as perspectivas teóricas que estabelecem uma ligação causal direta entre o passado escravista e a situação da população negra pós-abolição, que "anormalizaram" os negros e colocaram como resultado a "cultura de pobreza". Para o autor, esse tipo de análise leva a um nó impossível de desatar, já que essas interpretações implicam ver a pobreza não como efeito do racismo, mas sim como sua própria causa. Assim:

> [...] os componentes tradicionais das relações raciais não permanecem intactos após a destruição do escravismo. As 'sobrevivências' do antigo regime são elaboradas e transformadas dentro da estrutura social modificada. A sociedade capitalista transforma o significado da raça como dimensão adscritiva, dentro de um sistema de estratificação e mobilidade social em que a competição e atributos adquiridos são enfatizados. A sociedade de classes confere uma nova função ao preconceito e discriminação raciais: as práticas racistas, sejam ou não legalmente sancionadas, tendem a desqualificar os não brancos da competição pelas posições mais almejadas, que resultam do desenvolvimento capitalista e da diferenciação da estrutura de classes. (Hasenbalg, 1979, p. 84)

---

15 É importante ressaltar que não necessariamente os não brancos não terão tais características, mas que possivelmente elas serão fruto de debate e reflexão, de trabalho psíquico e político.

O autor também faz uma análise histórica das desigualdades raciais e aponta que uma das causas da desigualdade dos grupos não brancos é a distribuição destes nas regiões menos desenvolvidas do Brasil, no Norte e Nordeste, enquanto os brancos ficaram mais concentrados nas regiões mais desenvolvidas, no Sul e Sudeste. Essa polarização geográfica foi historicamente condicionada pela dinâmica do sistema escravista no país e, desde a etapa final desse regime, pelas políticas de incentivo e subsídio à imigração europeia no Sudeste e Sul do Brasil.

Ainda sobre os privilégios materiais obtidos pelos brancos em função da cor, Sérgio Adorno (1995) demonstrou como o quesito cor/raça opera nas decisões tomadas pelo sistema judicial no Brasil. Através de uma pesquisa realizada em 1990, no município de São Paulo, que comparou réus negros e brancos infratores pelo mesmo crime, Adorno chegou aos resultados de que 59,4% dos brancos observados foram condenados, enquanto 68,8% dos negros foram condenados. A diferença foi de quase 10%. Segundo ele:

> brancos e negros cometem crimes violentos em idênticas proporções, mas os réus negros tendem a ser mais perseguidos pela vigilância policial, enfrentam maiores obstáculos de acesso à justiça criminal e revelam maiores dificuldades de usufruir do direito de ampla defesa assegurado pelas normas constitucionais. Em decorrência, tendem a receber um tratamento penal mais rigoroso, representado pela maior probabilidade de serem punidos comparativamente aos réus brancos. Tudo indica, por conseguinte, que a cor é poderoso instrumento de discriminação na distribuição da justiça.
> (Adorno, 1995, p. 63)

2.2.3 Privilégios simbólicos

Na sociedade brasileira, os indivíduos, querendo ou não, são classificados racialmente logo ao nascerem. Nos classificados socialmente como brancos recaem atributos e significados positivos ligados à identidade racial à qual pertencem, tais como inteligência, beleza, educação, progresso etc. A concepção estética e subjetiva da branquitude é, dessa maneira, supervalorizada em relação às identidades raciais não brancas (Sovik, 2004), o que acarreta a ideia de que a superioridade constitui um dos traços característicos da branquitude (Fanon, 1980).

O argumento de que a branquitude foi construída sócio-historicamente como uma posição racial de superioridade é tese unificadora de diferentes teóricos (Britzman, 2004; Hage, 2004; Nuttall, 2004). Nesse sentido, é importante frisar que não necessariamente os sujeitos brancos se sentem superiores aos não brancos, trata-se de uma crítica direcionada à significação da branquitude como o lugar racial da superioridade[16] (Haraway, 1995; Steyn, 2004). Assim, os brancos obtêm privilégios simbólicos em razão dessa pertença, mesmo que involuntariamente (Bento, 2002).

Cardoso (2008),[17] em sua dissertação de mestrado intitulada *O branco "invisível": um estudo sobre a emergência da branquitude nas pesquisas sobre as relações raciais no Brasil*, fez uma revisão

---

16 Ressalto que a representação hegemônica da branquitude como um privilégio não garante necessariamente a todos os sujeitos brancos uma vida de satisfação, mesmo porque a vida de todos nós é guiada não apenas pelos fatores estruturais, como as ideologias, e a representação, mas sim por uma sobreposição de fatores.

17 A dissertação de Cardoso (2008) apresenta um quadro de análise de todos os trabalhos já publicados no Brasil desde 1950 sobre o tema da branquitude. Aqui é importante dizer que, antes de ler a

bibliográfica dos trabalhos que abordam o tema da branquitude da década de 1950 até o ano de 2007. Nesse trabalho, o autor fez uma distinção entre o que ele denomina "branquitude crítica" e "branquitude acrítica", a primeira se referindo ao indivíduo ou ao grupo de brancos que desaprova o racismo e a segunda à identidade branca individual ou coletiva, que argumenta a favor da superioridade racial dos brancos. Essa distinção feita por Cardoso é necessária para compreender que há uma parcela de brancos que obtém privilégios de sua identidade racial não por exercer conscientemente o racismo, nem tampouco por concordar com ele, mas sim por estar inserida em uma sociedade de estrutura racista, enquanto o outro grupo propaga direta e indiretamente a superioridade e pureza racial brancas.

Sob esse enfoque, Peggy McIntosh (1989) argumenta que a ideia de privilégio é essencial para a compreensão da branquitude. A autora demonstra, com alguns exemplos, diferentes formas desse privilégio simbólico. São eles:

- Posso fazer compras sozinha na maior parte do tempo, com bastante certeza de que não serei seguida ou assediada.
- Posso ligar a televisão ou abrir a primeira página do jornal e ver pessoas da minha raça amplamente representadas.
- Independentemente de eu pagar em cheque, cartão de crédito ou dinheiro, posso contar com a cor da minha pele para não influenciar impressões negativas sobre minha credibilidade financeira.
- Não preciso educar meus filhos para que tenham consciência do racismo sistêmico para sua própria proteção física diária.
- Eu posso xingar, ou usar roupas de segunda mão, ou não responder cartas, sem que as pessoas atribuam essas escolhas à má índole, à pobreza ou ao analfabetismo da minha raça.

---

dissertação do autor, eu havia pensado em fazer um capítulo com revisão bibliográfica nos mesmos moldes apresentados por ele; no entanto, para não reproduzir um trabalho já feito, proponho a quem tiver interesse nesta revisão ver: Lourenço Cardoso, 2008,

- Nunca me pedem para falar por todas as pessoas do meu grupo racial.
- Posso facilmente comprar pôster, cartões postais, livros de fotos, cartões comemorativos, bonecas, brinquedos e revistas infantis com pessoas da minha raça.
- Se eu declaro que há uma questão racial envolvida, ou que não há uma questão racial envolvida, minha raça vai me garantir maior credibilidade nessa posição do que uma pessoa de cor teria. (McIntosh, 1989, tradução da editora, 2020)

Peggy McIntosh (1990) argumenta que os privilégios não são percebidos pelos sujeitos que os obtêm, pois as sociedades ocidentais ainda são em sua maioria sociedades eurocêntricas, por isso tendem a ser "monoculturais", ou seja, a constituição de uma determinada perspectiva sobre o mundo que se baseia centralmente nos padrões culturais dos grupos dominantes, mantendo uma visão única sobre as formas de viver e ser no mundo, que não permite que os sujeitos consigam perceber sua singularidade e seu próprio fechamento: "O monoculturalismo, como toda forma de 'sistema-único de visão', é cego à sua própria especificidade cultural. Ele não consegue perceber a si mesmo. Ele confunde seus particularismos com neutralidade." (McIntosh, 1990).

No entanto, uma das perguntas a serem feitas aqui é de que forma e como os sujeitos brancos agem para que esses privilégios sejam mantidos e perpetuados. Ou o que faz com que grande parcela da sociedade tenha esses privilégios e não os perceba. Maria Aparecida Bento (2002) argumenta que os brancos em nossa sociedade agem por um mecanismo que ela denomina de "pactos narcísicos", alianças inconscientes, intergrupais, caracterizadas pela ambiguidade e, no tocante ao racismo, pela negação

---

O branco "invisível": um estudo sobre a emergência da branquitude nas pesquisas sobre as relações raciais no Brasil (Período: 1957-2007). (Dissertação de mestrado), Faculdade de Economia e Centro de Estudos Sociais da Universidade de Coimbra.

do problema racial, pelo silenciamento, pela interdição de negros em espaço de poder, pelo permanente esforço de exclusão moral, afetiva, econômica e política do negro no universo social. Assim, a branquitude é "um lugar de privilégio racial, econômico e político, no qual a racialidade, não nomeada como tal, carregada de valores, de experiências, de identificações afetivas, acaba por definir a sociedade" (p. 5).

É por meio desse pacto que podemos pensar sobre o motivo de, no Brasil, tanto negros como brancos naturalizarem o fato de que a maior parte dos moradores das periferias urbanas é de negros e a dos bairros centrais é de brancos; que alunos e professores em universidades públicas são brancos e faxineiros são negros; que nos restaurantes aqueles que estão sendo servidos são brancos e aqueles que servem são negros. Toda essa divisão racial do trabalho e dos espaços sociais é naturalizada de tal forma que tanto brancos como negros brasileiros raramente se espantam com essa realidade. Em outras palavras, podemos pensar essa realidade racial como um verdadeiro *habitus*,[18] que constrói um país segregado racialmente e que nem mesmo é percebido como tal. Dessa forma, podemos pensar a branquitude como um dispositivo que produz desigualdades profundas entre brancos e não brancos no Brasil, em nossos valores estéticos e em outras condições cotidianas de vida, em que os sujeitos brancos exercem posições de poder sem tomar consciência desse *habitus* racista que perpassa toda a nossa sociedade.

Ainda sobre o questionamento de como se produzem, se apropriam e se perpetuam esses significados positivos sobre a

---

18 O *habitus* é, por um lado, "a história incorporada e, portanto, esquecida enquanto história" e, por outro, uma "coleção de práticas, definidas como um sistema de disposições não conscientes, princípios coletivamente inculcados geradores e estruturadores de práticas e representações" (Bourdieu, 1987).

branquitude, os estudos sobre relações raciais e mídia produzidos por Liv Sovik (2004) demonstram que os meios de comunicação de massa têm importante papel na produção e reconstrução desses estereótipos. Assim, os discursos midiáticos produzem efeitos materiais nas relações raciais brasileiras. A autora demonstra o quanto os brancos estão em evidência desproporcional nos meios de comunicação e que isso (re)produz a hegemonia do branco como valor estético. E essa seria a razão para explicar que, apesar de morarmos em um país com a segunda maior população negra do mundo, são as "louras" que aparecem diariamente na nossa televisão como modelo de beleza a ser seguido (Xuxa, Angélica, Gisele Bündchen). Um dos casos que a autora mostra para exemplificar a hegemonia branca é o carnaval do Rio de Janeiro, em que a maioria dos componentes das escolas é composta de negros das periferias cariocas, sendo, teoricamente, um lugar de representação da cultura negra brasileira, em que as "mulatas" ganham valor positivo para representar o Brasil. Porém, os "destaques", que são o foco de atenção da mídia no carnaval, são representados por atrizes brancas da televisão brasileira. No caso do carnaval de 2003, os destaques foram Adriane Galisteu, Deborah Secco, Suzana Werner, entre outras.

Nesse sentido, a autora afirma que a hipervalorização silenciosa do branco consegue fazer sentido não apenas porque a população da elite brasileira é branca, mas também porque nos permite reconfirmar que estamos diante de valores de beleza e poder construídos historicamente, que começaram com o processo de colonização europeia e que perduram e se reproduzem nos tempos atuais. Assim, a mídia tem papel importante na construção de significados que representam o branco como ideal estético a se alcançar.

2.2.4 O lócus social da branquitude

Ruth Frankenberg (2004), após dez anos de investigação sobre o tema da branquitude, propõe que, em vez de ser caracterizada em termos culturais, ela deve ser pensada em suas localizações nas sociedades, que são estruturadas pela dominação. Para a autora, há oito pontos que podem ser listados para caracterizar a branquitude globalmente. São eles:

1. A branquitude é um lugar de vantagem estrutural nas sociedades estruturadas na dominação racial.
2. A branquitude é um "ponto de vista", um lugar a partir do qual nos vemos e vemos os outros e as ordens nacionais e globais.
3. A branquitude é um lócus de elaboração de uma gama de práticas e identidades culturais, muitas vezes não marcadas e não denominadas, ou denominadas como nacionais ou "normativas" em vez de especificamente raciais.
4. A branquitude é comumente redenominada ou deslocada dentro das denominações étnicas ou de classe.
5. Muitas vezes, a inclusão na categoria "branco" é uma questão controvertida e, em diferentes épocas e lugares, alguns tipos de branquitude são marcadores de fronteira da própria categoria.
6. Como lugar de privilégio, a branquitude não é absoluta, mas atravessada por uma gama de outros eixos de privilégio ou subordinação relativos; estes não apagam nem tornam irrelevante o privilégio racial, mas o modulam ou modificam.
7. A branquitude é produto da história e é uma categoria relacional. Como outras localizações raciais, não tem significado intrínseco, mas apenas significados socialmente construídos. Nessas condições, os significados da branquitude têm camadas complexas e variam localmente e entre os locais; além disso, seus significados podem parecer simultaneamente maleáveis e inflexíveis.

8. O caráter relacional e socialmente construído da branquitude não significa, convém enfatizar, que esse e outros lugares raciais sejam irreais em seus efeitos materiais e discursivos. (Frankenberg, 2004, p. 312).

É preciso pensar que os parâmetros citados como características da identidade racial branca produzem significados, sentidos e formas de agir e de se movimentar no mundo diferentes em cada sujeito, ao passo que cada sujeito percebe de forma diferente cada um desses aspectos, cada sujeito se torna branco e exerce o poder da branquitude de uma maneira, entrecruzando sempre com outros aspectos relacionados a classe, gênero, história de vida etc. É esse percurso e essa forma que analisei nesta pesquisa. No entanto, se estamos falando da branquitude como significados construídos sócio-historicamente pela ideia falaciosa de raça, que, como resultado, faz com que sujeitos considerados brancos obtenham privilégios em uma estrutura racista, é necessário pensar o conceito de raça e racismo produzidos em nossa sociedade para uma melhor compreensão dessa construção.

CAPÍTULO III – RAÇA E RACISMO

3.1 Raça

Como todos os conceitos, o de raça tem sua gênese em um tempo histórico e em uma determinada sociedade. Apesar de não ser o foco deste trabalho fazer uma genealogia detalhada do referido conceito,[19] é importante explicitar de que forma ele é entendido e usado nesta pesquisa.

Segundo Todorov (1993), as discussões, os ensaios e as teorias sobre a diversidade humana e, consequentemente, sobre raças na cultura ocidental emergiram como resultado das grandes viagens e "descobertas" do século XV, pois foi desses encontros entre a "civilização" europeia e os índios americanos, os negros africanos e os asiáticos que surgiu a necessidade de classificar e definir o que era e quem era a humanidade.

Do século XV ao século XVIII, a teorização sobre o que é a humanidade e quem faz parte dela ficou a cargo da teologia. Dessa forma, aqueles considerados descendentes de Adão eram tidos como parte da humanidade (Munanga, 2004). Essa visão teológica foi chamada de **monogenista**, predominando até meados do século XIX, com o pressuposto fundamental de que a espécie humana era apenas uma e, portanto, havia apenas uma humanidade. Segundo o monogenismo, os homens tinham uma única origem, sendo as diferenças humanas consideradas uma maior ou menor perfeição do Éden. "Pensava-se

---

[19] Para a compreensão da gênese e história do conceito de raça, ver Schwarcz (1996), Todorov (1983), Munanga (2004), Guimarães (1999a), entre outros.

na humanidade como um gradiente que iria do mais perfeito – mais próximo do Éden – ao menos perfeito – mediante a degeneração" (Schwarcz, 1993, p. 48). Nessa visão, as diferenças se estabeleciam a partir do "grau de perfeição" dos homens, partindo-se do pressuposto de que havia um processo de aperfeiçoamento através do qual os homens evoluíam do "natural" – mais próximo à natureza – ao civil – mais próximo do que era considerado a civilização.[20]

Ainda dentro da visão monogenista, duas interpretações distintas sobre os "novos homens" surgiram: a primeira era a interpretação rousseauniana do "bom selvagem", na qual os povos não ocidentais eram apresentados como um modelo idílico, moralmente superior, podendo servir para refletir sobre a civilização europeia considerada pelo filósofo um mundo hostil: "Se há uma bondade original da natureza humana, a evolução social corrompeu-a" (Rousseau, 1977, p. 205); a segunda interpretação, predominante desde meados do século XVIII até os dias atuais através do evolucionismo, considera esses "novos homens" inferiores à cultura ocidental no que se refere à moral, à inteligência, à cultura, à beleza etc. Assim, os "selvagens" passam de bons a símbolo da degeneração humana. A teoria monogenista, cujo maior representante no século XIX foi Charles Darwin, em *A origem das espécies* (1859), introduziu a ideia de uma evolução a partir de um ancestral comum, por meio da seleção natural. Assim, a teoria de Darwin se tornou a explicação científica dominante para a diversidade humana.

---

[20] A ideia de aperfeiçoamento do século XVIII não é a mesma do evolucionismo do século XIX. O aperfeiçoamento, nesse caso, não pressupõe uma linearidade progressista em que o homem evolui pouco a pouco, mas sim um aperfeiçoamento do que já existe.

Com o nascimento das ciências modernas, as reflexões sobre quem eram esses "outros homens" diferentes da civilização europeia continuam sendo seu assunto central, e, em meados do século XIX, com a ascensão das ciências biológicas e com a tradição moderna de contestação aos dogmas do cristianismo (da qual a visão monogenista fazia parte), a visão poligenista ganha mais adeptos. A visão **poligenista** defendia a existência de diferentes origens e criações dos seres humanos, que corresponderiam, por sua vez, às diferenças "raciais" observadas culturalmente e fenotipicamente (Schwarcz, 1993, p. 49). O poligenismo remete a uma diferença de origem, naturalizada e essencial, e é dessa vertente de pensamento que surge a ideia de raças biologicamente diferentes.

O pensamento acadêmico do século XIX deriva dessas duas vertentes: a antropológica, ligada às ideias de poligenismo, naturalização das raças, imutabilidade delas e, por consequência, divisão de tipos humanos; e a vertente dos estudos etnológicos, ou seja, a teoria monogenista, que defendia a evolução cultural. As duas visões interpretavam, de maneiras diferentes, o conceito de evolução, sendo o poligenismo relacionado à evolução biológica e o monogenismo, à evolução cultural.

O monogenismo considera que as sociedades humanas se encontram em direção a um mesmo caminho, contemplando a ideia de evolução linear dos povos humanos, porém em estágios diferentes de progresso. O poligenismo reconhece diferenças entre as sociedades, mas estas são hierarquizadas e correspondentemente relacionadas às diferenças raciais, o que seria um determinante natural no "atraso" e degeneração de um povo.

A ideia de raça e racialização[21] do mundo é, desde então, uma das explicações encontradas pela humanidade para classificar e hierarquizar os grupos humanos. No século XVIII, a cor da pele foi considerada um dos critérios dentro desse processo de classificação pela racialização e, dessa forma, a espécie humana ficou dividida em três raças que permanecem até hoje no imaginário coletivo: branca, amarela e negra. No século XIX, acrescentaram ao critério de cor outros parâmetros morfológicos, como forma do nariz, dos lábios, do queixo, ângulo facial etc. (Munanga, 2004).

Como se pode observar, os dois tipos de classificação da diversidade humana produziram ideias que hierarquizaram os seres humanos, uma pelo conceito de superioridade biológica e outra pelo conceito de superioridade cultural. Em ambos os casos, a civilização branca europeia foi privilegiada na escala hierárquica.

3.2 Da raça ao racismo

Segundo Guimarães (1999b), o racismo legitimado pela ideologia cientificista europeia do século XIX significou a adoção de uma visão errônea da biologia humana, conduzida pelo conceito de raça. Esse conceito foi usado como suporte para justificar a subordinação **permanente** de outros indivíduos e povos.

Esse trabalho descreve o fenômeno do racismo localizado dentro de um espaço histórico e social que se configura a partir do surgimento da categoria raça na modernidade, tornando-se uma ideologia necessária para justificar o processo de escra-

---

21 Neste trabalho, o termo "racialização" é utilizado para designar o processo simbólico que consiste na atribuição de "significado social a certas características biológicas (normalmente fenotípicas), na base das quais aqueles que delas são portadores são designados como uma coletividade distinta" (Miles, 1989, p. 74).

vização dos povos africanos, a colonização e a expansão do capitalismo, bem como a ideia de pureza racial que levou ao extermínio dos judeus durante a Segunda Guerra Mundial, resultando, portanto, na hierarquização dos povos europeus em relação às outras populações. Dessa forma, o racismo é mais especificamente entendido como uma construção ideológica, que começa a se esboçar a partir do século XVI com a sistematização de ideias e valores construídos pela civilização europeia, quando esta entra em contato com a diversidade humana nos diferentes continentes e se consolida com as teorias científicas em torno do conceito de raça no século XIX.

É importante mencionar que alguns autores refutam a teoria de que o racismo é uma construção ideológica que se estruturou em torno do conceito moderno de raça. Esses apontam uma tese histórica advinda de diferentes mitos de sociedades não africanas, onde a repulsa e o medo causados pela cor negra são inequívocos. Sobre essa ideia, Carlos Moore (2007), no livro *Racismo e sociedade*, argumenta que o racismo tem sua gênese histórica no mundo antigo e sua base é um dado universal inegável: o fenótipo.

Longe de discordar das teses que consideram que a gênese do racismo está no mundo antigo com base no fenótipo, como a de Carlos Moore, ou as que consideram que suas raízes estão na Antiguidade greco-romana, como a tese de Benjamin Issac em *The Invention of Racism in Classical Antiquity*, penso que o fenômeno de discriminação, desvalorização e hierarquização de

---

Trata-se, em outras palavras, de um processo de categorização social a partir de traços de distintividade racial de determinadas populações, que se traduz na utilização generalizada da noção de raça para mencionar ou descrever essas populações, mesmo em casos em que a diferença fenotípica é apenas imaginada (Miles, 1996, pp. 306-307).

diversos povos e populações é antigo na história da humanidade. Porém, arrisco dizer que o racismo tal como se manifesta hoje é fruto das teorias racistas produzidas pela ciência moderna. Desse modo, pretendo neste trabalho descrever o fenômeno tal como se caracterizou dentro da sociedade ocidental moderna. Nesse sentido, Guimarães argumenta:

> O racismo, portanto, origina-se da elaboração e da expansão de uma doutrina que justificava a desigualdade entre os seres humanos (seja em situação de cativeiro ou de conquista) não pela força ou pelo poder dos conquistadores (uma justificativa política que acompanhara todas as conquistas anteriores), mas pela desigualdade imanente entre as raças humanas (a inferioridade intelectual, moral, cultural e psíquica dos conquistados ou escravizados). Esta doutrina justificava pelas diferenças raciais a desigualdade de posição social e de tratamento, a separação espacial e a desigualdade de direitos entre colonizadores e colonizados, entre conquistadores e conquistados, entre senhores e escravos e, mais tarde, entre os descendentes destes grupos incorporados num mesmo Estado nacional. Trata-se da doutrina racista que se expressou na biologia e no direito. (1999b, p.104)

Para Todorov (1993), as doutrinas racialistas produzidas na modernidade, que deram suporte às ideologias racistas, possuem diversas proposições. Podemos resumi-las em cinco pontos fundamentais, a fim de entender como a racialização feita a partir da ideia de raça desembocou no racismo:

- **A existência das raças**. Significa afirmar que as diferenças e características físicas comuns de grupos humanos são classificadas em raças.
- **Continuidade entre o físico e o moral**. As raças não são apenas definidas por diferenças físicas, pois essas correspondem também a diferenças morais, psicológicas e intelectuais desses grupos; ou seja, das diferenças físicas decorrem diferenças morais e mentais que são transmitidas hereditariamente.

- **A predominância do grupo sobre o indivíduo.** O comportamento moral e psicológico de um indivíduo depende do grupo racial ao qual esse pertence.
- **Hierarquia única de valores.** Corresponde a uma hierarquia de valores únicos para elaborar juízos universais, pelos quais se qualifica uma raça como superior ou inferior a outra.
- **Política fundamentada no saber sobre as raças.** A partir das premissas anteriores que se apresentam como uma descrição e constatação do mundo e dos seres humanos, esta última preposição estabelece uma política que deve ser engajada ao pensamento racial e que pode se desdobrar no extermínio de uma raça considerada inferior, como no caso da Segunda Guerra Mundial, da escravidão e da submissão de uma raça em relação à outra etc.

Sobre esta última proposição, Hannah Arendt (1989), em *As origens do totalitarismo*, nos ajuda a entender como a ideia de raça criada pelos cientistas do século XVIII e XIX se transformou no que podemos chamar de ideologia racista e, portanto, em uma política justificada pela teoria da existência de raças. De acordo com Arendt, a ideologia racista com raízes profundas no século XVIII emergiu, simultaneamente, em todos os países ocidentais durante o século XIX, e, desde o início do século XX, a ideologia racista foi o suporte para a ideologia das políticas imperialistas.

Segundo Arendt (1989), até o período da "corrida para a África" o pensamento racista competia com muitas outras ideias livremente expressas, que dentro do ambiente de liberalismo disputavam entre si a opinião pública. Foi apenas no final do século XIX e início do século XX que a ideologia racista conseguiu absorver todos os antigos pensamentos racistas que, por si sós, nunca tinham sido capazes de se transformar propriamente em uma ideologia, porque até então eram julgados por critérios de razão política. Nesse sentido, a ideologia difere da simples opinião porque se pretende detentora de uma chave de entendimento da história e "julga poder apresentar a solução dos 'enigmas do universo' e dominar o conhecimento íntimo das leis universais 'ocultas', que supostamente regem a natureza e o homem" (p. 60).

Dessa forma, Arendt (1989) argumenta que, de todas as ideias conflitantes do século XIX, apenas duas se sobressaíram e se transformaram em ideologias que puderam arrolar o apoio dos Estados-Nações, bem como a opinião pública da época, a saber: a ideologia que interpreta a história como uma luta econômica de classes e a que interpreta a história como uma luta natural entre raças. Assim, a questão racial passou a ser mantida e aperfeiçoada como arma política, e não apenas como doutrina teórica.

Michael Foucault (1992), em *Genealogía del racismo*, descreve o racismo como uma dominação que se solidificou com base na ideia científica da luta entre as raças, justificada pela teoria do evolucionismo e da luta pela vida. Em consequência, nasce e se desenvolve um racismo biológico-social fundado na ideia de que há uma raça superior (branco-europeia), detentora de superioridade física, moral, intelectual e estética, dispondo, portanto, de um poder sobre verdades e normas, e aquelas raças que constituem um perigo para o patrimônio biológico. É nesse momento que aparecem os discursos biológicos racistas sobre a degeneração[22] da humanidade.

---

22 Degeneração é um conceito biológico que foi utilizado na interpretação de fenômenos sociais. Seu oposto seria a eugenia, compreendida como a ciência que utilizar-se-ia do conhecimento sobre a hereditariedade para o aprimoramento do gênero humano. A ideia de degeneração foi, sobretudo, o que fez com que incontáveis teóricos das mais diversas áreas de conhecimento defendessem reformas sociais baseadas no controle médico, de segregação racial e de classe da sociedade. Um dos representantes mais lidos e que influenciou grande parte das políticas raciais do século XX foi Conde Arthur de Gobineau (1855), com o *Ensaio sobre a desigualdade das raças humanas*, um dos primeiros trabalhos sobre eugenia e racismo publicados em sua época. Segundo

Assim, as instituições médicas e jurídicas, entre outras, dos Estados-Nações fizeram funcionar no corpo social o discurso da luta de raças como princípio de segregação, eliminação e normalização da sociedade. Tratou-se, dessa forma, de defender a sociedade contra todos os perigos biológicos das raças inferiores ou da mistura destas com a raça branca. Segundo as teorias de degeneração, a raça branca se tornaria fraca ou, ainda, infértil com a miscigenação, como atesta o termo utilizado para se referir ao filho de um branco e um negro: "mulato", diminutivo para o termo espanhol *mulo*, ou seja, a cria estéril de um cruzamento de égua com jumento.

Segundo Foucault (1992), uma das condições que permitiram o advento do racismo pode ser encontrada em um fenômeno fundamental do século XIX, o biopoder, instrumento de controle político e de regulação econômica que se caracteriza pelo conjunto de práticas e discursos que instituem a sociedade burguesa e a organizam, no qual a espécie humana passa a ser contabilizada, classificada e se torna objeto de estimativas e pesquisas quantitativas. Os governos tornam-se crescentemente preocupados com a "população", seus fenômenos e variáveis próprias, como a natalidade, a mortalidade, a esperança de vida e a incidência de doenças (Foucault, 2002). O racismo, portanto, serviu nesse momento para que os Estados-Nações exercessem um poder contra sua própria população, pois a ideia de purificação permanente da população torna-se uma das dimensões essenciais da normalização social. Essa visão constitui uma tomada de poder sobre a vida humana, em que os discursos biológicos e médicos ganham extrema importância, conduzindo a uma estatização do biológico. Assim, as tecnologias de poder que têm como principal objetivo a manutenção da vida também são aquelas que exercem o

---

ele, a mistura de raças era inevitável e levaria a humanidade a graus sempre maiores de degenerescência física e intelectual.

direito de matar, segregar, excluir os indivíduos dentro da própria sociedade. Ou seja, como afirma Foucault (1992), o racismo, aliado ao biopoder, possibilitou que as nações modernas pudessem eliminar sua própria população, expondo à morte não apenas os inimigos, mas também os aliados. Dessa maneira, o poder que consiste em fazer viver alguns é o mesmo que deixa morrer muitos outros. É justamente isso que o racismo possibilita, pois, embora ele já existisse há muito tempo em outras esferas, o que permitiu sua inscrição nos mecanismos de Estado foi justamente a emergência do biopoder.

Portanto, a ideologia racial passou a acompanhar o desenvolvimento da comunidade das nações europeias até se transformar em instrumento de destruição delas mesmas, pois, segundo Arendt (1989), ainda que historicamente os racistas tenham assumido posições aparentemente ultranacionalistas, eles acabaram por ser "piores patriotas que os representantes de todas as outras ideologias internacionais; foram os únicos que negaram o princípio sobre o qual se constroem as organizações nacionais de povos – o princípio de igualdade e solidariedade de todos os povos, garantido pela ideia de humanidade" (p. 63).

No século XX, com o avanço das ciências biológicas e genéticas, os estudiosos deste campo chegaram à conclusão de que a raça como realidade biológica não existe, pois os marcadores genéticos de uma determinada raça poderiam ser encontrados em outras e, portanto, experiências genéticas comprovaram que pretos, brancos e amarelos não tinham marcadores genéticos que os diferenciavam enquanto raça. Dessa forma, mesmo que os patrimônios genéticos dos seres humanos se diferenciem, as diferenças não são suficientes para classificá-los em raças.

3.3 Por que e como usar a categoria "raça" na atualidade?[23]

Cabe-nos questionar, então, o que seria o racismo após o descrédito da ciência moderna sobre a ideia biológica de raça e também como se pode conceituar "raça" na atualidade.

O conceito de "raça" usado neste trabalho é o de "raça social", conforme teorizou Guimarães (1999c), isto é, não se trata de um dado biológico, mas de "construtos sociais, formas de identidade baseadas numa ideia biológica errônea, mas eficaz socialmente, para construir, manter e reproduzir diferenças e privilégios" (p. 153). Para esse autor, se a existência de raças humanas não encontra qualquer comprovação no bojo das ciências biológicas, elas são, contudo, "plenamente existentes no mundo social, produtos de formas de classificar e de identificar que orientam as ações dos seres humanos" (p. 153).

Nesse sentido, é importante explicitar que a categoria de raça que opera no imaginário da população e produz discursos racistas é ainda a ideia de raça produzida pela ciência moderna dos séculos XIX e XX. Serve para classificar a diversidade humana em grupos fisicamente contrastados com características fenotípicas comuns, tidas como responsáveis pela determinação das características psicológicas, morais, intelectuais e estéticas dos indivíduos dentro desses grupos, situando-se em uma escala de valores desigual (Munanga, 2004).

A cor e a raça da população brasileira vêm adquirindo grande importância nas análises dos conflitos e desigualdades de nossa sociedade, em que operam claramente práticas de dis-

---

23 A discussão feita neste tópico apresenta a importância da categoria "raça" para os movimentos sociais negros, o que pode ser interpretado como um assunto ligado à negritude e, portanto, fugiria do escopo dos estudos sobre branquitude; no entanto, achei importante fazer esta discussão, pois acredito que,

criminação por cor e aparência. Nesse sentido, podemos dizer que os não brancos sofrem discriminação em diversas instâncias da experiência cotidiana, como na educação, na ocupação e nas oportunidades de emprego (Hasenbalg, 1979), na distribuição de renda, moradia e na experiência subjetiva (Carone, 2002).

Uma das questões que emergem do debate que começa a se esboçar hoje em torno da adoção de políticas públicas antidiscriminatórias diz respeito à identidade e aos sistemas de classificação racial praticados no Brasil. É essa classificação que define como as pessoas tratam umas às outras, ou seja, a desigualdade de raças e a discriminação dependem, em última análise, da classificação racial feita por terceiros.

Atualmente, "ser negro" possui múltiplas conceituações e modos de identificação pelos próprios sujeitos negros, que podem reivindicar a identidade negra tanto pelo viés de uma valorização da afrodescendência quanto por uma produção cultural de etnicidade ligada à ideia de diáspora africana, e também politicamente, por meio da luta antirracista (que necessariamente se articula através da categoria sociológica "raça"), entre outros diversos sentidos produzidos por cada sujeito.

Assim sendo, o uso da categoria "raça" aparece de forma polêmica nas discussões acadêmicas e de movimentos sociais. Essa categorização, a meu ver, é necessária tanto para a implementação de políticas públicas quanto para o reconhecimento positivo da população negra brasileira, pois, se essa população

---

como aponta Cardoso (2008), os estudos sobre brancos são resultado das demandas e organizações do movimento negro racializado e dos movimentos antirracistas, que ao visibilizar e questionar o branco faz com que ele também seja particularizado.Dessa forma, entender a importância da categoria "raça" para a luta antirracista faz-se necessária dentro desta pesquisa, que tem como propósito a compreensão da raça e do racismo na constituição da branquitude.

é discriminada através da categoria "raça" – e, portanto, do racismo –, essa mesma categoria é a única capaz de unificá-las. As ações afirmativas, como as cotas, cumprem, dessa forma, um objetivo estratégico duplo. Em primeiro plano, elas têm a função de compensar e corrigir as desigualdades de acesso aos bens públicos; em segundo plano, elas favorecem o processo de construção da identidade racial dos negros, fortalecendo a mobilização e a construção das vítimas do racismo brasileiro como sujeitos políticos. Portanto, usar a categoria "raça" na luta antirracista significa dizer que, se os negros brasileiros são discriminados por seus traços físicos e pela cor da pele, deve-se pensar em uma articulação política em torno da negritude, de forma que essas características, que são hoje objeto de preconceito, sejam ressignificadas positivamente e também sejam fonte de reparação social.

Charles Taylor, em seu texto "A política de reconhecimento" (1998), apresenta como tese central a necessidade e exigência de políticas de reconhecimento de grupos minoritários. A tese desse autor tem como premissa o fato de que toda identidade é construída e constituída de forma dialógica, ou seja, não há como um sujeito se reconhecer de forma positiva se a sociedade em que ele está inserido produz, acerca de seu grupo, estereótipos, preconceitos e discriminações que restringem a possibilidade de **ser** humano desses sujeitos. A representação negativa ou a não representação dos grupos minoritários dentro de uma sociedade atua, de forma perversa sobre a própria subjetividade da vítima: a própria autodepreciação torna-se um dos mais fortes instrumentos de opressão sobre os sujeitos pertencentes a grupos cuja imagem foi deteriorada. Portanto, o reconhecimento incorreto ou o não reconhecimento de uma identidade marcam suas vítimas de forma cruel, subjugando-as por meio de um sentimento de incapacidade, ódio e desprezo contra elas mesmas, e, dessa forma, a política de reconhecimento não é apenas um respeito a esses grupos, mas também uma necessidade vital para a constituição dos indivíduos. Sendo assim, qual seria a categoria usada pelos sujeitos negros para se unirem em torno de uma ressignificação positiva senão a própria raça?

Em contrapartida aos movimentos sociais e trabalhos acadêmicos que se articulam em torno da categoria "raça" na luta antirracista, os estudos dos antropólogos Peter Fry (2005), Yvonne Maggie (2004), Lívio Sansone (2003)[24] e o livro de Ali Kamel argumentam que a democracia racial não é apenas um mito, pois é a ideologia da democracia racial que produz uma realidade "a-racista" e, por isso, não segrega a população. Ou seja, a tese produzida nesses estudos é de que o mito da democracia racial produz, de fato, democracias e uma identidade nacional brasileira.

Entretanto, convém observar que esses autores não negam o racismo no Brasil. Yvonne Maggie e Peter Fry são engajados há muito tempo na luta antirracista. No entanto, assim como Ali Kamel, argumentam que o impacto do racismo não é suficientemente grande para justificar as políticas de cotas raciais. Yvonne Maggie argumenta que as políticas raciais acabariam com o ideal de um país misturado, onde a cor dos indivíduos não deveria influenciar

---

24 Ver, entre outros, os textos e artigos de: Yvonne Maggie, "Em breve um país dividido", *O Globo*. 27 de dezembro de 2004; Peter Fry, "A democracia racial infelizmente virou vilã", *O Globo*, 18 de junho de 2005; Peter Fry (2005). *A persistência da raça. : ensaios antropológicos sobre o Brasil e a África austral*. Rio de Janeiro: Civilização Brasileira; Ali Kamel. "Combater a pobreza, esquecer as cores". *O Globo*, 14 de dezembro de 2004; Ali Kamel, "Aos congressistas, uma carta sobre cotas", *O Globo*, 16 de dezembro de 2004; Ali Kamel, "Raças não existem", *O Globo*, 17 de maio de 2005. Lívio Sansone (2003), *Negritude sem etnicidade: o local e o global nas relações raciais e na produção cultural negra do Brasil*, Salvador: EdUfba; Rio de Janeiro: Pallas.

as suas vidas. Para a autora, optar pelas cotas significa dividir o Brasil entre "raças".

Peter Fry teme igualmente que as cotas acabem fortalecendo um Brasil imaginado não mais como país mestiço, mas como uma nação de raças estanques. Fry acredita que a fluidez dos sistemas de classificação usados pelos brasileiros não permitiria o estabelecimento de critérios precisos, capazes de determinar quem seriam os beneficiários de tais políticas. Além disso, o uso da categoria "raça" seria prejudicial aos próprios sujeitos beneficiários dessa política; nas palavras de Peter Fry, "quando o Estado institui raça como critério para a distribuição de direitos, a tendência é de fortalecer a crença em raças e, em consequência, o racismo".

Para Kamel, as cotas constituem uma política racista, que dividiria o Brasil e levaria a uma cisão racial da sociedade brasileira. A realidade brasileira, segundo ele, é a da miscigenação, da cordialidade. Assim, adotar políticas públicas com base na polaridade branco-negro seria um perigo, pois atiçaria as paixões e o conflito racial. Segundo esses autores, existe no Brasil a possibilidade de reconhecimento de todos como nacionais, ou seja, brasileiros, e este é um dos argumentos usados como defesa da não polarização entre negros e brancos, pois muitos dos bens culturais importantes para os negros, como a feijoada, o samba e a capoeira, que poderiam ser pensados como bens culturais na produção de uma identidade positiva negra, são hoje considerados símbolos nacionais, sendo necessário, portanto, novamente questionar: se os negros não podem se articular por um eixo identitário cultural (já que no Brasil somos todos brasileiros), qual categoria poderia ser usada para a luta desses contra o racismo senão a própria raça?

Em primeiro lugar, é preciso apontar que optar pela democracia racial e o argumento da complexidade de classificação racial, tal como fazem Peter Fry e Yvonne Maggie, não pode de fato ajudar a encontrar uma solução para o problema do racismo na sociedade brasileira, e tampouco para a união das vítimas do racismo. Condenar a luta pela construção da identidade racial polarizada escolhida pelo movimento negro atual e enaltecer a ambiguidade e a mestiçagem sempre foram as posições escolhidas, em sua maioria, pelas elites intelectuais e políticas brasileiras desde a década de 1930, e o discurso da mestiçagem[25] foi e continua sendo utilizado como instrumento ideológico, que desconstrói a luta por direitos iguais entre negros e brancos na sociedade brasileira. A mestiçagem, apesar de ser um fato brasileiro, não apaga as desigualdades entre brancos e negros.

Para Fry (2005), em seu argumento contra Guimarães (2002), as identidades raciais que são valorizadas pelas ações afirmativas ainda não existem no Brasil (já que há um *continuum* de cor e a miscigenação é uma realidade que se oporia a essas identidades), e ele defende que, para que se possa utilizá-las, elas precisam ser construídas primeiro. Aqui também é possível perguntar: já que elas não existem, com que categoria as pessoas brancas discriminam as pessoas negras? Ou seja, se o racismo existe no Brasil, é exatamente porque a categoria "raça" está não só construída como também sendo utilizada cotidianamente. Sob essa ótica, deve-se concordar com Guimarães (2002), em seu texto "Democracia racial", quando afirma:

> O que continua em jogo, entretanto, é a distância entre discursos e práticas das relações raciais no Brasil, tal como Florestan e Bastide colocavam nos idos anos 1950. Ainda

---

25 Guimarães, em uma aula da disciplina Relações Raciais, argumenta que, ao referir-se à mestiçagem, ainda é o conceito de raça que articula tal categoria, pois se pressupõe que existam as raças branca e negra para que exista o mestiço. Além disso, apelar para a democracia racial para extinguir a categoria "raça" parece no mínimo ilógico, já que raça é o que pressupõe a democracia na própria expressão.

que, certamente, para as ciências sociais, o mito não possa ser pensado da maneira maniqueísta como Freyre e Florestan pensaram, transpondo-o diretamente para a política, permanecem os fatos das desigualdades entre brancos e negros no Brasil, apesar do modo como se classifiquem as pessoas. Mais que isto: as diferenças raciais se impõem à consciência individual e social, contra o conhecimento científico que nega as raças (são como bruxas que teimam em atemorizar, ou como o sol que, sem saber de Copérnico, continua a nascer e a se pôr?).[26]

É importante ressaltar as ciladas contidas nas lutas políticas que se justificam pela diferença e, principalmente, pelo conceito de raça, como as cotas para negros nas universidades públicas. A luta contra as desigualdades raciais e os processos discriminatórios, assim como a defesa da igualdade de oportunidades e o respeito às diferenças, não são um movimento simples, pois os mesmos argumentos desenvolvidos para defender relações mais justas, dependendo do contexto e do jogo político em que se inserem, podem ser ressignificados para legitimar processos de sujeição e exclusão. Nesses casos, podemos chamar esse fenômeno de "efeito de retorsão",[27] que se traduz na máxima utilizada no discurso anticotas, segundo o qual "as cotas são racistas".

Também não podemos ser ingênuos quando escolhemos a opção política da diferença e, portanto, da polarização entre negros e brancos. Joan Scott (1988) preconiza que se **desconstrua** a oposição binária igualdade/diferença como única via possível, chamando atenção para o constante trabalho da **diferença dentro da diferença**. A oposição binária, por exemplo, das categorias brancos/negros obscurece as diferenças entre os brancos dentro do próprio grupo daqueles que caracterizamos como brancos e

---

[26] Retirado do texto de Antonio Sérgio Guimarães, "Democracia racial", na página http://www.fflch.usp.br/sociologia/asag/Democracia%20racial.pdf.

dos negros dentro do grupo de negros, no comportamento, no caráter, no desejo, na subjetividade, na identificação racial e na experiência histórica. A "mesmidade" construída em cada lado da oposição binária oculta o múltiplo jogo das diferenças e mantém sua irrelevância e invisibilidade (Scott, 1988, p. 45).

No entanto, é exatamente o racismo que faz com que seja necessária a utilização política da categoria "raça". É nesse fator que se dá a importância do racismo no entendimento do que é ser negro atualmente no Brasil e, portanto, é esse fator que resulta na polarização negros/brancos. Isso se deve ao fato de que, mesmo estranhos a uma unificação negra ligada à religião, cultura e tradição, ainda que totalmente ausentes das práticas identitárias ligadas às inúmeras possibilidades de vivências da negritude, o racismo e a sua experiência integram o conjunto de vivências dos indivíduos negros ao longo da história. A própria História nos mostra que o racismo é um fenômeno que, além de unificar reativamente os negros,[28] também os apresenta e os caracteriza como um coletivo homogêneo, longe de refletir a realidade do universo das inúmeras diferenças entre os indivíduos negros. Não obstante o abismo imenso que separa uma comunidade quilombola em Minas Gerais de um negro de São Paulo ou da Bahia, a despeito desses indiví-

---

27 O "efeito de retorsão" (conceito retomado de Taguieff, 1987) constitui-se quando "um contendor se coloca no terreno discursivo e ideológico do adversário e o combate com as armas deste, as quais, pelo fato de serem usadas com sucesso contra ele, deixam de pertencer-lhe, pois que agora jogam pelo adversário. A retorsão opera, assim, de uma só vez, uma retomada, uma revirada e uma apropriação-despossessão de argumentos: ela tem por objetivo impedir ao adversário o uso de seus argumentos mais eficazes, pelo fato de utilizá-los contra ele" (Pierucci, 2000, p. 52).

28 Como no caso de diversos movimentos sociais negros que se unificam por meio da luta antirracista.

duos se comunicarem fora desses universos, mesmo que muito precariamente, o olhar externo e, sobretudo, o olhar racista os unificam.

A **identidade**[29] **coletiva** é sempre algo que define fronteiras entre quem somos nós e quem são os outros e, portanto, só existe em relação a uma alteridade. Desse modo, as identidades são consideradas posicionais, relacionais e fluidas. Para Alberto Melucci (2001), a identidade coletiva é algo interativo e compartilhado dentro de um processo, sendo sempre construída e negociada nas relações entre os sujeitos de uma coletividade. Longe de naturalizar a identidade, o autor aponta para a necessidade de sua constante negociação entre as coletividades. Por isso, é preciso analisar as identidades como sínteses de múltiplas identificações e nunca como um conjunto de características fixas e permanentes. Sousa Santos (1995) define que as identidades são, no sentido genérico, fictícias e necessárias, colaborando de forma pertinente para a análise da identidade negra. São fictícias, pois nenhum negro é igual ao outro, e ser negro não é uma entidade fixa e sólida. Porém, a identidade faz-se necessária como defesa de um grupo ou de uma coletividade. A identidade, então, assume caráter de escudo e defesa de si perante o outro (Sawaia, 1999) e também é, portanto, uma categoria política.

---

29 Neste livro, optei por não redigir um capítulo sobre o conceito de identidade, no entanto este foi trabalhado por mim na dissertação de mestrado e consta aqui diluído entre as análises como chave interpretativa. Porém, o conceito é entendido por mim tal qual na ótica da psicologia sócio-histórica: a identidade é uma categoria que nos permite compreender os sujeitos e suas coletividades, pois é através da identificação de semelhanças e diferenças entre o "nós" e os "outros" que os sujeitos se constituem e se localizam no tempo e na história. No entanto, essa constituição é sempre contraditória, múltipla, mutável, mas ao mesmo tempo singular e única.

Assim como todas as identidades são relacionais e contingentes, brancos e negros só existem em relação uns aos outros e suas diferenças variam conforme o contexto. Portanto, precisam ser definidas em relação a sistemas políticos, históricos e socioculturais específicos. Os indivíduos e os grupos sociais não trazem dentro de si uma essência negra ou uma essência branca, mas essas categorias são significadas e ressignificadas sempre em relação ao contexto sócio-histórico e cultural em que esses indivíduos e grupos sociais se encontram. Ser negro não se trata de uma condição metafísica, nem tampouco se relaciona diretamente, como nos Estados Unidos, à afrodescendência; ou seja, ser negro no Brasil é uma condição objetiva em que, a partir de um estado primeiro, definido pela cor da pele e pelo passado, o negro é constantemente remetido a si mesmo pelos outros, e é através do racismo que a cor da pele negra se transforma no que podemos chamar hoje de "raça negra".

Há que se pensar que a construção da negritude é uma escolha feita por sujeitos negros. Porém, como toda e qualquer escolha, no sentido que lhe atribui Sartre (1984), o sujeito atua sobre seu contexto a partir de determinadas condições objetivas que o precedem, devidamente situado dentro de determinada gama de opções. Essa escolha é o resultado induzido de uma série complexa de dialéticas em que, a partir de um estado original, relacionado à cor da pele negra, a traços físicos, ao *status* social e ao passado dos ancestrais africanos, o homem negro é remetido a si mesmo pelos outros e, dessa forma, atua no mundo confirmando e produzindo sentidos singulares para a negritude. Uma vez que negros e brancos constroem a si mesmos e suas experiências em um mundo relacional e racista, no qual o negro é sempre marcado como "o outro", então de que forma esses sujeitos racializados poderão se desvencilhar da raça, se é através dessa categoria que são vítimas de discriminação e preconceito?

3.4 Racismo no Brasil contemporâneo

3.4.1 As diferentes formas de racismo

A partir dessas premissas, torna-se necessário entender como o fenômeno do racismo no Brasil é, ao mesmo tempo, produzido **pela** e produtor **da** categoria "raça". Diversos foram os estudos de sociólogos brasileiros e estrangeiros que se debruçaram sobre como se davam as relações raciais e o racismo no Brasil. Contudo, não cabe no escopo desta pesquisa fazer uma revisão histórica da sociologia das relações raciais no Brasil. Portanto, vou me limitar a apontar o que caracteriza o racismo brasileiro atual.

Neste trabalho consideramos racismo qualquer fenômeno que justifique as diferenças, preferências, privilégios, dominação, hierarquias e desigualdades materiais e simbólicas entre seres humanos baseado no conceito de raça. Isso porque, mesmo esse critério não tendo nenhuma realidade biológica, o ato de atribuir, legitimar e perpetuar as desigualdades sociais, culturais, psíquicas e políticas à "raça" significa legitimar diferenças sociais. E isso se dá a partir da naturalização e essencialização da falácia das diferenças biológicas, as quais, dentro da lógica brasileira, se manifestam pelo fenótipo e aparência dos indivíduos de diferentes grupos sociais. Racismo aqui deve ser entendido precisamente quando o que está em jogo é que a hierarquia social entre grupos é definida pela ideia de raça, ou seja, o termo não cabe para se pensar em outras formas de discriminação e preconceito dadas por outras diferenças, tais como gênero, orientação sexual, etnia, nacionalidade, entre outros (Guimarães, 1999a, p.36).

Posto isso, podemos pensar em diferentes formas de racismo. Segundo Wieviorka (2006), dois argumentos diferentes sustentam esse fenômeno: o racismo biológico e o racismo cultural. O **racismo biológico** procura sustentar os argumentos para justificar as hierarquias sociais no conceito de raça, enquanto conjunto de características físicas herdadas (cor do cabelo, pele, nariz etc.). Já o **racismo cultural**, nomeado como **novo racismo** ou **racismo diferencialista** por teóricos como Taguieff (1987), Balibar (1991) e Gilroy (2001), apresenta-se como um "racismo sem raça", um racismo que justifica as hierarquias sociais por meio de uma ideia essencialista de cultura em que as diferenças linguísticas, religiosas e de modos de vida de diferentes grupos são significadas como inferiores ou inassimiláveis à cultura dominante. No entanto, apesar de a justificativa desse argumento ser traduzida em termos culturais, esse racismo está intrinsecamente ligado à noção de racismo biológico na medida em que a cultura dos grupos é naturalizada e hierarquizada como superior e inferior e necessariamente associada aos corpos biológicos dos indivíduos desses grupos.

Segundo Ramón Grosfoguel (2007), o racismo cultural está sempre articulado com os discursos da pobreza, das oportunidades no mercado de trabalho e da marginalização, em que os problemas relacionados ao desemprego das minorias racializadas se constroem como um problema de hábitos ou crenças, ou seja, como um problema cultural e, portanto, naturalizando, fixando e essencializando a cultura dos grupos racializados como inferior.

Além das diferenças entre os argumentos que constroem o racismo, podemos também distinguir as suas diferentes formas de manifestação, e para isso é importante diferenciar o racismo individual do racismo institucional (Pettigrew, 1982). O racismo individual é entendido aqui como atitudes e ações individuais de discriminação racial feitas nas práticas das relações interpessoais; já o racismo institucional se configura através de mecanismos de discriminação inscritos no corpo da estrutura social, e que funcionam mesmo sem a intenção dos indivíduos da sociedade, ou seja, se estabelece nas instituições, traduzindo os interesses, as ações e os mecanismos de exclusão perpetrados pelos grupos racialmente dominantes. Assim:

> O racismo institucional aparece como um conjunto de mecanismos, não percebido socialmente e que permite manter os negros em situação de inferioridade, sem que seja necessário que os preconceitos racistas se expressem, sem que seja necessária uma política racista para fundamentar a exclusão ou a discriminação. O sistema nessa perspectiva funciona sem atores, por si próprio. (Wieviorka, 2006, p. 168)

3.4.2 As especificidades brasileiras

No Brasil, o racismo desenvolveu-se de forma particular, porque o Estado nunca o legitimou, mas foi e ainda é presente nas práticas sociais e nos discursos, ou seja, aqui temos um racismo de atitudes, porém não reconhecido pelo sistema jurídico e também negado pelo discurso de harmonia racial e não racialista da nação brasileira (Guimarães, 1999b).

Ainda que todas as evidências apontem o racismo como explicação para as desigualdades raciais, o racismo brasileiro tem a especificidade de, em maior ou menor grau, ser velado e sutil. A "democracia racial"[30] faz parte do imaginário brasileiro e constrói um ideal do qual os brasileiros, em sua maioria, não abrem mão. Hasenbalg (1979) aponta que o conceito de democracia ra-

---

30 A ideologia da democracia racial tem raízes muito anteriores a 1930. A expressão, entretanto, aparece pela primeira vez, de acordo com Antonio Sérgio Guimarães, em um artigo de Roger Bastide publicado no *Diário de São Paulo*, precisamente no dia 31 de março de 1944, no qual eram usados os termos "democracia social" e "racial" para descrever a ausência de distinções rígidas entre brancos e negros.

cial é uma arma ideológica produzida por intelectuais das elites dominantes brancas destinada a socializar a população brasileira de brancos e não brancos como iguais, evitando, assim, um conflito racial no Brasil:

> Num certo sentido a sociedade brasileira criou o melhor dos dois mundos. Ao mesmo tempo que mantém a estrutura de privilégio branco e a subordinação não branca, evita a constituição da raça como princípio de identidade coletiva e ação política. A eficácia da ideologia racial dominante manifesta-se na ausência de conflito racial aberto e na desmobilização política dos negros, fazendo com que os componentes racistas do sistema permaneçam incontestados, sem necessidade de recorrer a um alto grau de coerção. (1979, p. 246)

Portanto, não há necessidade de que conceito de raça seja legitimado pela ciência para que haja racismo, e é isso que explica a permanência do racismo na atualidade, pois se transformaram as formas de legitimação social e discurso sobre as diferenças humanas, bem como os mecanismos que mantêm as posições de poder entre brancos e não brancos.

Guimarães (1999b) explicita cinco pontos fundamentais para entender quais os mecanismos e instituições sociais permitem o funcionamento do racismo em atitudes no Brasil, a saber:

- **Primeiro**: as explicações para as desigualdades sociais, que até então eram justificadas pelo conceito de raças superiores e inferiores, foram transformadas e substituídas pela teoria de culturas superiores e culturas inferiores, permanecendo a hierarquia entre a civilização branca europeia sobre as ci-

---

Antonio Sérgio aponta também que a expressão evoca essencialmente dois significados: o primeiro subentende que todos os grupos étnicos vivem na mais perfeita harmonia, enquanto o segundo remete, no mínimo, a um ideal de igualdade de direitos, e não apenas de expressão cultural e artística.

vilizações africanas e negras. A ideia de "cultura" se transformou, então, em uma noção tão fixa, estanque e estável quanto o conceito de raça biológico.

• **Segundo**: a noção de cor e a aparência física, no imaginário da população brasileira, substituíram oficialmente as raças. Ou seja, a cor da pele no Brasil é colada e atrelada à imagem de raça produzida pela ciência moderna. Dentro dessa lógica, quanto mais escura a cor da pele de um indivíduo, mais perto da ideia de raça negra estereotipada e estigmatizada pelo racismo moderno ele está localizado; e quanto mais perto da cor de pele branca, mais *status* ele ganha.

Assim, a caracterização de Oracy Nogueira (1979) sobre o tipo de preconceito racial brasileiro e quem são as suas vítimas ainda é válida e atual. Ao realizar uma análise comparativa entre Brasil e EUA, o autor utiliza as denominações "preconceito de marca" e "preconceito de origem", sendo o fenômeno brasileiro exercido essencialmente sobre a aparência e os traços físicos do indivíduo, enquanto o fenômeno americano é definido sobre a ancestralidade.

> Considera-se como preconceito racial uma disposição (ou atitude) desfavorável, culturalmente condicionada, em relação aos membros de uma população, aos quais se têm como estigmatizados, seja devido à aparência, seja devido a toda ou parte da ascendência étnica que se lhes atribui ou reconhece. Quando o preconceito de raça se exerce em relação à aparência, isto é, quando toma por pretexto para as suas manifestações os traços físicos do indivíduo, a fisionomia, os gestos, os sotaques, diz-se que é de marca; quando basta a suposição de que o indivíduo descende de certo grupo étnico, para que sofra as consequências do preconceito, diz-se que é de origem. (Nogueira, 1979, p. 79)

Assim, o racismo brasileiro recaiu especialmente sobre todos os indivíduos que têm em sua aparência traços considerados típicos de origem africana combinados com a cor da pele escura. O fato de os estereótipos negativos estarem diretamente associados à cor e à raça negra fez também com que os brasileiros mestiços e grande parte da população com ascendência africana, de maneira geral, não se classificassem como negros, gerando um grande número de denominações para se designar as cores dos não brancos, como moreno, pessoa de cor, marrom, escurinho etc. Portanto, essa forma de classificação eliminou, não raramente, a identificação dos mestiços com a negritude e fez com que esses, nesses casos, não se classificassem como negros, bem como contribuiu para que permanecessem intactas todas as estereotipias e representações negativas dos negros.

No entanto, os estudos brasileiros sobre relações raciais mostram que, mesmo com a diversidade de classificação racial brasileira, as desigualdades sociais entre os cinco grupos de cor oficiais do IBGE (pretos, brancos, pardos, amarelos e indígenas) podem ser agrupadas em dois únicos grupos: brancos e "não brancos". Isso significa que, apesar das diferentes cores com as quais os brasileiros se autoidentificam, o acesso às oportunidades sociais obedece a uma lógica hierárquica bipolar. Essa tese refuta os estudos qualitativos realizados por antropólogos, indicando uma gradação que vai do mais escuro ao mais claro nas descrições sociais, sendo que nessa tese prevaleceria o preconceito de cor e não a discriminação racial. Ou seja, os estudos de relações raciais nos mostram que a cor e o conceito de raça estão atrelados ao imaginário social brasileiro, e, portanto, há uma discriminação racial atrelada à de cor.

- **Terceiro**: as relações raciais brasileiras promovem uma desigualdade informal perante a lei, pois "o mesmo fenômeno de estereotipia negativa dos traços somáticos negros fundamenta o mecanismo de 'suspeição policial', que torna os negros as vítimas preferenciais do arbítrio dos policiais e dos guardas de segurança nas ruas, nos transportes coletivos, em lojas de departamento, bancos e supermercados" (Guimarães, 1999b).

- **Quarto**: o racismo brasileiro foi sistematicamente negado pela alegação de que o preconceito no país era algo ligado à classe, pois o não racialismo brasileiro tem como suporte o entendimento de que negar a existência das raças significa negar o racismo, de modo que a discriminação de cor não seja interpretada como discriminação racial, já que as raças não existem, contrapondo a essa lógica os estudos que isolaram estatisticamente os fatores ligados à classe (escolaridade, formação profissional etc.) e mostraram que há desigualdades sociais que permanecem e, portanto, só podem ser explicadas quando se introduz o par branco e não branco. Nesse caso, não se trata de recolocar a raça em parâmetros biológicos, mas, como já mencionado, de fazer referência a ela como parte de construções sociais que funcionam como mecanismo de privilégios, demarcação e hierarquização de grupos.

- **Quinto**: a situação de pobreza e mesmo de indigência em que se encontra grande parte da população brasileira constitui, em si mesma, um mecanismo de inferiorização individual e conduz a formas de dependência e subordinação pessoal que, por si sós, seriam suficientes para explicar certas condutas discriminatórias. Posto que tais condutas podem ser observadas em relação a não negros, tal fato ajuda ainda mais a dissimular o racismo, do ponto de vista das ações individuais. O mesmo argumento pode ser utilizado para explicar o caráter de classe da inação dos governos e das instituições com respeito às desigualdades raciais (Guimarães 1999b).

Logo, podemos concluir, por intermédio dos estudos de relações raciais e do racismo no Brasil, que, além de existir no cotidiano da população negra, o racismo é atualizado, perpetuado e legitimado pelo conceito de raça. É através dessa categoria política que a luta antirracista deve ser articulada.

CAPÍTULO IV – A CONSTRUÇÃO DA BRANQUITUDE NA CIDADE DE SÃO PAULO

> *"Em São Paulo, todos os lugares de ricos que eu ando só tem branco. Aliás, dá para morar em São Paulo por anos e nunca se relacionar com negros. Eu mesmo devo de fato conhecer só os que trabalham lá no meu prédio. De resto não tenho nenhum contato."*
>
> (Rafael, conversa informal)

Como visto anteriormente, a branquitude é produto da história e uma categoria relacional, não tem significados intrínsecos, mas sim socialmente construídos em espaço e tempo (Frankenberg, 2004). Esses significados se diferenciam e variam entre os locais e regiões do globo. No Brasil, os sujeitos que ocupam o lugar de branquitude não são os mesmos em cada região: um mesmo sujeito pode ocupar o lugar simbólico de branco no Nordeste do Brasil, em São Paulo ser considerado nordestino e no Rio Grande do Sul ser classificado como pardo ou mestiço. Essas classificações e significados são sempre acompanhados de signos de poder em cada uma das regiões. Neste capítulo, pretendo contextualizar a cidade de São Paulo em relação à categoria "raça".

Reconstruir a história da cidade de São Paulo, no entanto, não é o intuito deste livro.[31] Ainda assim, apesar da inevitável redução histórica, tentarei expor aqui alguns aspectos das narra-

---

31 Para saber mais sobre a história de São Paulo, sugiro a coleção da editora Paz e Terra, *História da cidade de São Paulo* (2004).

tivas e da fundação e formação da cidade. Privilegiar-se-á, nesse sentido, a formação étnico/racial da população da cidade, que hoje é considerada uma das maiores metrópoles do mundo.

4.1 A formação populacional da cidade e alguns aspectos sobre a identidade paulistana

A fundação[32] de São Paulo insere-se no processo de ocupação e exploração das terras americanas pelos portugueses, no início do século XVI. São Paulo foi fundada por padres jesuítas e foi uma das primeiras vilas localizadas fora da faixa litorânea do país. Segundo Sevcenko (2000), o motivo da interiorização era que os jesuítas consideravam o lugar um posto avançado para catequizar os indígenas. Assim:

> [...] o pequeno aldeamento de São Paulo foi, portanto, instalado num grupo de colinas, cercado pelo Tietê e seus afluentes, o Pinheiros e o Tamanduateí. O posto era estratégico pelo acesso fácil que possibilitava ao então sinuoso Rio Tietê – que levava o nome de Rio Ganha Almas, já que ao longo do seu curso os jesuítas convertiam indígenas ao cristianismo – e também porque do alto das colinas se vislumbrava um amplo horizonte, necessário para a vigilância e para garantir a defesa dos brancos isolados contra as 'hostes de indígenas indóceis'. (Sevcenko, 2000, p. 76)

Durante os séculos XVI e XVII, a cidade tinha pouca representatividade para o país, permanecendo um povoado pobre

---

[32] A palavra "fundação" é usada aqui tal como propõe Chauí, que diferencia "fundação" de "formação": enquanto a fundação se refere "a um momento passado imaginário, tido como instante originário que se mantém vivo e presente no curso do tempo", a formação é a história de continuidades e descontinuidades dos acontecimentos sujeita às determinações econômicas, sociais e políticas (Chauí, 2000, p. 9).

com a população basicamente constituída por brancos de origem portuguesa e mestiços de índios com brancos. Dali partiam as "bandeiras", expedições organizadas para procurar minerais preciosos no interior do país e para capturar índios para o trabalho escravo. A atividade bandeirante foi a responsável pelo devassamento e da ampliação do território brasileiro na proporção direta do extermínio das nações indígenas que se opunham a esse empreendimento (Sevcenko, 2000).

Assim, durante os dois primeiros séculos de colonização, os colonos paulistas construíram uma economia baseada na subsistência, no intercâmbio com a população indígena local e nas expedições em busca de ouro, diamantes e escravos índios. Esse período, apesar de não ser marcante em relação à economia do Brasil, deixou marcas e construiu parte de um mito da origem paulistana em torno dos bandeirantes, mito este ligado às ideias de bravura, coragem e "raça de gigantes". Essas ideias foram levadas às trincheiras na defesa de um estado e de um ideal. Conquistara-se, assim, novas terras e edificara-se o estado mais rico e organizado da Federação. É importante destacar que, ao longo do tempo, as concepções sobre a figura dos bandeirantes se transformaram de acordo com as reviravoltas políticas e interesses de cada época (Andrews, 1998).

No final do século XVIII, a população e a economia de São Paulo começam a se transformar e o cultivo da cana-de--açúcar, junto com a escravidão negra, penetrou em solos paulistas. Nessa mesma época, a industrialização na Europa e nos Estados Unidos fez do café um dos estimulantes mais procurados no mercado externo. A "nova" vida urbana tornou a bebida um dos produtos mais consumidos nas grandes cidades e a rápida expansão do consumo proporcionou um lucro elevado aos produtores da época. São Paulo então foi descoberta como local apropriado para o plantio e a produção se expandiu rapidamente no Vale do Paraíba e, posteriormente, no oeste do estado. O crescimento da produção e da economia foi tão grande que o estado de São Paulo, no final do século XIX, detinha cerca de 70% da produção mundial do produto. A cultura do café e sua explosão exigiram mais e mais mão de obra. Dessa forma, cresceu a entrada de escravos no país. O auge foi em 1848, quando desembarcaram no Brasil 60.000 cativos africanos. Foi o café o grande responsável pelo aumento do número de escravos e pela modificação das estatísticas populacionais da cidade de São Paulo. Em meados da década de 1870, São Paulo abrigava a terceira maior população escrava do país, que representava cerca de 20% da população local (Andrews, 1998).

O término do tráfico de escravos para o Brasil data de 1850, e o fim da escravidão, 1888. Assim, no fim do século XIX, a mão de obra escrava estava notoriamente envelhecida e a quantidade de mão de obra brasileira, livre ou escrava, era insuficiente para atender à expansão das lavouras de café no estado. Em consequência, os grandes agricultores paulistas, inseridos na conjuntura política de construção da identidade nacional, optaram pela vinda de imigrantes europeus[33] como saída para a carência de mão de obra, fato que levou ao consequente branqueamento da população (Andrews, 1998).

No final do século XIX e início do século XX, São Paulo foi um dos maiores polos de imigração do mundo. Entre 1820 e 1949, o estado de São Paulo recebeu 2,5 milhões de imigrantes. Em 1893, a cidade era composta por 54% de imigrantes, mais da metade da população era estrangeira. A imigração maciça na cidade de São Paulo foi em grande parte política. Segundo George Andrews (1998), após a abolição e o regime escravista, os negros

---

33 Ver: Sales Augusto dos Santos, Historical roots of the "whitening" of Brazil. Translated by Lawrence Hallewell, *Latin American Perspectives*. Issue 122, Vol. 29, No. I, January 2002, p. 62.

libertos foram substituídos e preteridos no mercado de trabalho na cidade e no estado de São Paulo. A imigração cumpria com um duplo objetivo estratégico: branquear e europeizar a cidade e, diante do choque abolicionista, desqualificar a mão de obra dos negros.

Nessa mesma época, além da abolição, mudanças estruturais aconteciam no país, como a industrialização, a proletarização e a urbanização. A questão da identidade nacional brasileira e o futuro da nação eram amplamente discutidos pelos intelectuais brasileiros. As questões importantes que surgiam nesse momento histórico eram: (I) o que fazer com a massa de recém-libertos na sociedade brasileira?; (II) como tornar a diversidade de populações aqui presentes um só povo e nação? Nesse momento, a Europa difundia os ideais do racismo científico,[34] que proclamava que a raça branca seria mais civilizada e mais associada ao progresso da humanidade. Para o racismo científico, a miscigenação desqualificava e degenerava a humanidade. Era evidente que esse racismo científico colocava um entrave para a possibilidade de desenvolvimento do país, já que a nação era formada por uma parcela grande de negros e mestiços.

Para solucionar esse dilema, intelectuais como Oliveira Viana, Sílvio Romero, Euclides da Cunha, entre outros, trabalharam para ver a miscigenação como um valor positivo para o progresso.[35] Daí surgiu o ideal de "branqueamento",

---

[34] Uma explicação mais detalhada do racismo científico pode ser lida no capitulo II deste livro. Para ler sobre imigração e branqueamento, ver G. R. Andrews, *Negros e brancos em São Paulo (1888, 1988)*, Edusc, São Paulo, 1998; M. M. A. Azevedo, *Onda negra, medo branco*, Paz e Terra, São Paulo, 1987; entre outros.

[35] Uma explicação detalhada deste pensamento e destes intelectuais pode ser encontrada em T. E. Skidmore, *Preto no branco*, Paz e Terra, São Paulo, 1976.

uma teoria tipicamente brasileira, aceita entre 1889 e 1914 pela maioria da elite no Brasil, que foi definida por Skidmore como:

> A tese do branqueamento baseava-se na presunção da superioridade branca, às vezes pelo uso dos eufemismos raças 'mais adiantadas' e 'menos adiantadas' e pelo fato de ficar em aberto a questão de ser a inferioridade inata. À suposição inicial juntaram-se mais duas. Primeiro – a população negra diminuía progressivamente em relação à branca por motivos que incluíam a suposta taxa de natalidade mais baixa, a maior incidência de doenças, e a desorganização social. Segundo – a miscigenação produzia 'naturalmente' uma população mais clara, em parte porque o gene branco era mais forte e em parte porque as pessoas procuravam parceiros mais claros que elas. (A imigração branca reforçaria a resultante predominância branca). (1976, p. 81)

O ideal de branqueamento teve grande aceitação na intelectualidade brasileira e na política de Estado nas primeiras décadas do século XX. Foi visto como meio mais apropriado para que o país alcançasse o progresso segundo o ideal de civilização europeia. Dessa forma, fica flagrante a relevância da imigração europeia como uma forma ideal (vista pela ideologia racista da época) para o desenvolvimento e o progresso do país.

Assim, entre o final do século XIX e as primeiras décadas do século XX, São Paulo atraiu 70% dos mais de 5 milhões de imigrantes que vieram para o Brasil. Entre 1820 e 1903, desembarcaram no Brasil cerca de 1 milhão e 140 mil italianos, 549 mil portugueses, 212 mil espanhóis e 89 mil alemães. E, em números menores, pessoas de todos os cantos da Europa. A imigração continuou alta durante o início do século XX, diminuindo após a década de 1930. Entraram, nesse período, diversos grupos. Entre 1904 e 1972, desembarcaram 1 milhão e 240 mil portugueses, 484 mil italianos, 505 mil espanhóis, 248 mil japoneses e 171 mil alemães. Em números menos expressivos, pessoas de todos os cantos da Europa (IBGE).[36]

Com todas essas mudanças ligadas ao crescimento econômico advindas do café e das imigrações, São Paulo fez uma transição: passou de uma Piratininga adormecida para a mais rica, populosa e industrializada província do Brasil, atravessada por ferrovias, estradas e fartas plantações, transformando-se no centro urbano com o crescimento mais rápido da América Latina. No entanto, toda essa transformação não alterou as esferas políticas da nação, e a elite paulista continuava à margem das decisões do país que estavam centradas na capital do Império, o Rio de Janeiro. Assim, nesse período, os paulistas mais influentes na economia aderiram ao movimento republicano, defendendo mais autonomia para os estados (Abud, 2008).

As camadas dirigentes paulistas recorriam à história para justificar seu direito a uma maior participação política. Nesse momento, a figura do bandeirante renasce como responsável pela ampliação do território nacional. Contudo, o advento da República (1889) também não trouxe para São Paulo o poder político que suas lideranças desejavam conquistar. Assim, com a crise dos anos 1930 e a derrubada do presidente Washington Luís, representante da oligarquia paulista, e, ainda, com a ascensão de Getúlio Vargas, a dinâmica do país começa a mudar. Sob o domínio de Getúlio Vargas, a nacionalização, a centralização da política e da economia e a diminuição das diferenças étnicas e regionais começam a ser prioridade do país (Abud, 2008).

Com Vargas, os grupos políticos de São Paulo perdem ainda mais os seus poderes e, contrariados, formam a Frente Única,

---

36 Fonte: Brasil: 500 anos de povoamento. Rio de Janeiro: IBGE, 2000. Disponível em: http://www.ibge.gov.br/brasil500/index2.html Visitado em 28 ago. 2011.

apelando para a luta armada pela volta ao regime constitucionalista. Em 9 de julho de 1932, lançam-se em combates para a derrubada do governo Vargas, momento em que os bandeirantes e o mito de origem de uma identidade paulistana voltam ao centro dos discursos políticos. Os bandeirantes aparecem como figuras representativas que trazem consigo a possibilidade de unificação da população para pegar em armas em nome de São Paulo. Desse modo, foi conveniente omitir as divisões raciais e de classes para a construção de um orgulho paulista. A historiadora Kátia Abud, no artigo "Paulistas, uni-vos!", nos mostra que:

> Durante o movimento, foi cunhada a expressão 'paulista de quatrocentos anos', pela qual as famílias mais antigas cultuavam sua ancestralidade e acreditavam pertencer a uma raça privilegiada. Mas para a guerra era preciso estender o privilégio aos imigrantes, negros e índios. Afinal, dos 7 milhões de habitantes que então povoavam São Paulo, menos da metade podia se orgulhar de descender dos colonizadores. A partir daquele momento, por paulista não se entendia mais somente o indivíduo nascido e criado no estado, mas todo aquele que para lá se transferiu, que se fixou em suas terras, que lá vivia e trabalhava. Bandeirantes eram todos os que se dispunham a lutar pelo estado e pelo Brasil, todos os que pudessem contribuir para a vitória (Abud, 2008, p. 1).[37]

Por outro lado, a historiadora norte-americana Barbara Weinstein (2003) defende que é este o período-chave para compreender como as regiões brasileiras foram marcadas por um discurso racializado sem precisar usar nem a raça, nem a cor. A autora sustenta que a identidade regional no estado de São Paulo, a identidade paulista, passou a ser associada, na cultura brasileira, não apenas à indústria, à modernidade e ao progresso econômico, mas também ao embranquecimento e a uma narrativa particular

---

37 Retirado da internet em 28 de agosto de 2011: http://www.revistadehistoria.com.br/secao/capa/paulistas-uni-vos

na história brasileira que marginalizou o papel dos afro-brasileiros na construção da nação, construção essa que ainda promove exclusão e inclusão no início do século XXI (como podemos observar nas análises defendidas no presente livro). Segundo a autora:

> os escritores, intelectuais e políticos que construíram a identidade de São Paulo dentro da nação brasileira, tipicamente, viam a sua região como culturalmente e economicamente superior, como a vanguarda do progresso e da civilização, enquanto o resto da nação aparecia como o 'Outro', numa relação cultural remanescente daquela entre colonizador e colonizado. Ao elaborar esse discurso da superioridade regional, os paulistas usaram percepções racializadas sobre modernidade e civilização. (Weinstein, 2003, p. 289).[38]

A autora argumenta que os discursos de civilização – a modernidade e o progresso – substituíram os discursos de cor e genética, mas, longe de desaparecerem, as noções de diferença baseadas na raça deslocaram-se para outros contextos discursivos, dentre eles, a identidade do paulista.

Apesar do esforço paulista durante 1932, a tentativa da volta do regime constitucionalista foi derrotada e Vargas continuou no poder. Com o projeto nacionalista de Vargas e a crise do café regida pela grande depressão de 1929, a imigração estrangeira para o estado perde seu grande fluxo. A Segunda Guerra Mundial interrompe as importações de produtos e a indústria paulista inicia um processo de substituição de impor-

---

[38] Barbara Weinstein, "Racializing Regional Difference: São Paulo vs. Brazil, 1932". In: Nancy Appel-baum, Anne Macpherson and Karin Rosemblatt (Eds.), *Race and Nation in Modern Latin America*.Chapel Hill: Univ. of North Carolina Press, 2003, pp. 237-262. Tradução e revisão técnica de Adriano Luiz Duarte e Rosane Silveira. Retirado do site: http://www.journal.ufsc.br/index.php/esbocos/article/viewFile/133/177 .

tações, passando a produzir no estado os produtos até então importados para, assim, suprir a mão de obra necessária. O estado passa a receber milhões de nordestinos, que substituem os antigos imigrantes e que agora, nos dias de hoje, passam a compor a classe média paulista. A migração nordestina para São Paulo é a última e contínua leva de migração para a metrópole paulistana. Assim, segundo o censo do IBGE datado de 2000, das 10.508.218 pessoas que vivem na capital paulista, 2.047.168 nasceram no Nordeste. Esse número representa 19,62% da população. Além disso, há um fluxo contínuo de migrantes de todas as regiões do Brasil para a cidade que não chega, no entanto, a aparecer numericamente como populações que marcam a história da composição populacional da cidade (IBGE, 2000).

Atualmente, em pleno início do século XXI, existe uma nova imigração para a cidade de São Paulo, que participa ativamente das diferentes configurações populacionais desde a década de 1980, quando houve o aumento do fluxo migratório proveniente de países latinos e africanos. A maioria provém da Bolívia, Peru e Paraguai, por parte da América Latina, e de parte da África Subsaariana, Nigéria, Angola, Congo e Camarões. Esses imigrantes estão hoje na cidade de São Paulo em número cada vez maior e em uma situação de pobreza. Há, ainda, as populações asiáticas que emigram da China e da Coreia. O censo demográfico do município de São Paulo, realizado pelo IBGE em 2000, contou 195.641 estrangeiros.

4.2 A composição atual da cidade

A composição populacional da cidade de São Paulo, atualmente, é o resultado de todas essas populações que aqui chegaram em determinadas épocas e com diferentes posições de poder, *status* e sociabilidade. O último censo (2000) aponta que a população de São Paulo está composta por: brancos (68,0%), pardos (25,0%), pretos (5,1%), amarelos (2,0%) e indígenas (0,2%). Como demonstrado no capítulo II, a população negra é a junção do que o IBGE classifica como preto e pardo.

As características demográficas e de localização em que os sujeitos se distribuem no município já são uma forma de pensar como se organizam as populações brancas e não brancas da cidade. Em função disso, escolhi dois mapas da cidade para melhor visualizar geograficamente as variáveis que atravessam e determinam a composição racial da cidade. O primeiro mapa fotografa a renda média familiar. O segundo, o Índice de Desenvolvimento Humano (IDH). Por fim, o terceiro observa a distribuição da população negra na cidade.[39]

---

[39] Não foi possível encontrar um mapa da população branca da cidade, contudo, podemos ver como ela se distribui no espaço, fazendo um contraponto com o mapa da população negra. Mapas retirados do SEADE – Sistema Estadual de Análise de Dados.

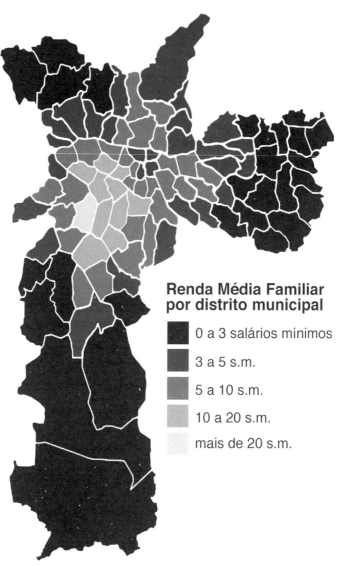

Mapa 1 – Renda média familiar na cidade de São Paulo

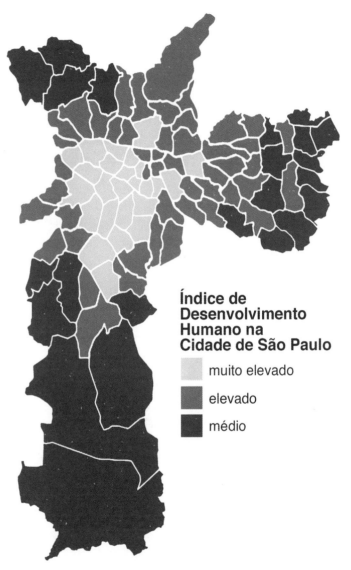

Mapa 2 – Índice de Desenvolvimento Humano na cidade de São Paulo

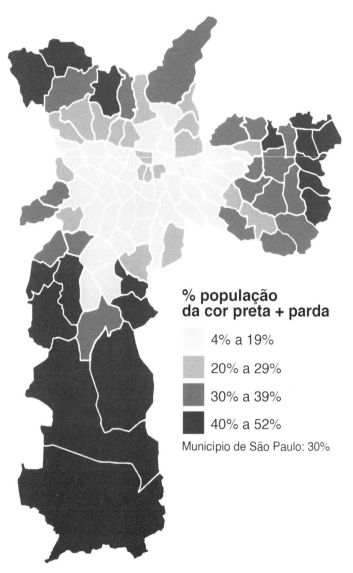

Mapa 3 – Distribuição geográfica da população negra na cidade de São Paulo

Percebemos que, quando falamos da branquitude paulistana, estamos falando de lugares simbólicos e também de uma localização espacial real na cidade, central, em que há um maior numero de brancos, de renda e de IDH. Nesse local vive a maioria dos entrevistados desta pesquisa. No caso dos brancos pobres, a região central trata-se do local de trabalho. As análises sobre branquitude a seguir falam dessa São Paulo e desses lugares que cultivam em sua localização significados relacionados à São Paulo financista, à São Paulo do progresso, à São Paulo da Avenida Paulista e, enfim, à São Paulo que reproduz significados de raça ligados a progresso e "civilização".

Nesse sentido, é preciso entender que a branquitude se objetifica e se materializa em um espaço e localização, como podemos ver nas falas abaixo:

"Sabe, ontem eu fui na Sala São Paulo, tinha um espetáculo lindo, mas fiquei surpresa com o tipo de pessoas que estavam lá. Antigamente só tinha gente bonita, europeus, gente fina mesmo. Agora dá todo o tipo de gente." (fala de uma conhecida em um almoço)

"Só por curiosidade, o que é todo tipo de gente?" (Lia)

"Ah, gente sem classe, brasileiros em geral, essa mistura." (novamente a conhecida durante o almoço)

Essa fala de uma conhecida me fez pensar que há na cidade de São Paulo lugares que são marcados como locais onde brancos circulam, e que caso não brancos venham a circular, é como se estes estivessem fora do lugar, pois são ambientes que demarcam espacialmente os brancos. Fernanda e Vanessa deixam isso ainda mais explícito quando descrevem áreas nobres da cidade:

Fernanda: "Ah, por exemplo, quando eu ando na Oscar Freire, na Paulista, no Itaim, eu acho estranho quando vejo um negro, a não ser quando ele está trabalhando, porque, para mim, é lugar de branco. É difícil mesmo ver um negro que não seja zelador ou empregado."

Vanessa: "Eu sou representante de venda nos bairros nobres da cidade, aí eu até entendendo que não tenha nenhum vendedor negro. É um lugar onde precisa ter boa aparência para vender."

A exclusão socioespacial da população negra observada nos mapas acima, junto com as falas apresentadas, funcionam como materialização de outros inúmeros tipos de marginalizações a que os negros estão submetidos na cidade – nas áreas de moradia, emprego, saúde, educação e representação política. Esses mapas sugerem que, em São Paulo, não há somente padrões de ocupação urbana que formatam a distribuição racial. Há, também, conceituações sobre raça que derivam das várias formas de como o espaço urbano é compreendido. Há, por assim dizer, padrões de diferenciação social e de separação, que variam na cidade e estruturam a vida pública e o relacionamento dos grupos no espaço social.

CAPÍTULO V – ASPECTOS PSICOSSOCIAIS DA BRANQUITUDE

Como vimos no capítulo anterior, São Paulo contou com a história do colonialismo iniciada há mais de 500 anos, incluiu a escravidão dos africanos, o extermínio de inúmeras culturas indígenas, a migração forçada, subsidiada, interna e externa. Durante esse processo, ocorreu a institucionalização do racismo na Europa e a apropriação dessa ideologia por muitos que aqui estavam presentes. Nesse processo de colonização e construção da cidade, milhões de descendentes de africanos, asiáticos, árabes, judeus, europeus e indígenas se transformaram em brasileiros, paulistanos brancos e não brancos. Há narrativas diversas, portanto, para os grupos de sujeitos considerados brancos na cidade de São Paulo.

A partir da contextualização sobre branquitude, raça, racismo e sobre a cidade de São Paulo, irei analisar a dinâmica da branquitude no contexto atual da cidade. Nessa análise, apresento os significados e sentidos atribuídos pelos entrevistados à sua brancura, suas identificações em semelhanças e diferenças com a branquitude, bem como os modos de exercê-la cotidianamente. Para uma melhor análise de como se caracteriza a branquitude, fiz divisões em categorias. Note-se que essa divisão por categorias é apenas uma forma de facilitar a análise, já que os entrevistados não separam as vivências ligadas à sua constituição enquanto brancos. Ressalto que, além das categorias analisadas nesta pesquisa, os depoimentos dos sujeitos apresentaram outros múltiplos sentidos singulares que tangem o "ser branco", que só caberiam em uma análise minuciosa da história de vida de cada sujeito em particular. Ainda gostaria de salientar que as análises feitas aqui não desejam um esvaziamento de outras possíveis interpretações, olhares e conclusões.

A primeira divisão que fiz neste capítulo foi em relação às categorias que constituem a noção de raça construída no século XIX. Procurei entender de que forma a ideia falaciosa de que a raça determina características morais, intelectuais e estéticas dos indivíduos ainda é apropriada pelos sujeitos e ainda serve como pilar de conteúdos e significados racistas da branquitude. Posteriormente, apresento também algumas análises sobre a legitimação e manutenção do poder exercido pelos brancos através da apropriação dos significados da branquitude.

5.1 Padrões de beleza e branquitude

Quando eu te encarei frente a frente, não vi o meu rosto. Chamei de mau gosto o que vi, de mau gosto, mau gosto, é que Narciso acha feio o que não é espelho.

(Caetano Veloso)

O termo "estética" vem da palavra grega *aisthésis*, que significa "percepção" ou "sensação". No senso comum, estética está associada aos padrões e significados de beleza e do belo de diferentes sociedades. No Brasil, Sovik (2004) e Ramos (1957) apontam que há uma hegemonia, veiculada pelos meios de comunicação de massa, da estética branca. Isso significa pensar que cabelos lisos, pele clara, olhos claros e traços afilados façam parte do modelo vigente de beleza em corpos humanos. A seguir, veremos se e como isso é apropriado pelos sujeitos e discursos analisados neste livro.

Uma das perguntas que faço aos meus entrevistados é se eles acham que têm, consciente ou inconscientemente, atitudes ou traços racistas. Há diversas respostas a essa pergunta. Vanessa nos faz pensar quão complexas são as relações raciais e o racismo do brasileiro:

> Vanessa: Eu acho que o racismo é real. Eu nunca namorei negro, mas já namorei japonês... É difícil eu entrar num lugar e achar um negro bonito, a não ser que ele seja muito bonito, seja unânime, é um negro tal, um cara muito lindo... Mas, no geral, eu não vou achar esses caras bonitos... Quando saio à noite, se vejo um branco muito bonito, tenho certeza de que não tenho chances com ele. Mas sei, e tenho quase certeza, de que tenho chances com um cara negro muito bonito.
>
> **Lia: O que é um branco muito bonito? E um negro muito bonito? E japonês?**
>
> Vanessa: Para mim há diversos tipos de brancos muito bonitos, mas estou falando de um tipo Brad Pitt, loiro de olhos claros.
>
> **Lia: E negro muito bonito?**
>
> Vanessa: Ah, esses negros com estilo, exótico, tipo rasta e com traços finos. Agora japonês... Em geral não acho eles muito bonitos, são todos muito parecidos, iguais aos índios, mas os japoneses me atraem porque são mais determinados e menos malandros que os brasileiros.
>
> **Lia: E por que você acha que, com um branco muito bonito, você não tem chances? E por que teria com um negro muito bonito? Qual a diferença?**
>
> Vanessa: É que para um branco muito bonito eu estou fora dos padrões, né? Eu sei que tenho um rosto muito bonito, mas estou fora do peso (risos)... E com um negro? Eu sei que eles adoram loiras (risos)... Não é? Olha os jogadores de futebol, os pagodeiros, eles sempre estão acompanhados de loiras.

Esta fala de Vanessa nos faz pensar sobre diferentes aspectos do funcionamento racial presentes na cultura brasileira. Ela afirma ao mesmo tempo que: i) os brancos são mais bonitos que os negros em geral; ii) brancos bonitos têm mais *status* e valor estético do que negros bonitos, pois é exatamente na diferença hierárquica entre um e outro que ela se compara como fora do padrão estético vigente. Em outras palavras, estar fora do peso assemelha-se à negritude; iii) afirma que ser loira dá a ela uma valorização que os negros almejariam; iv) associa jogadores de futebol e pagodeiros diretamente a negros; e v) não inclui o japonês na categoria "brasileiro".[40]

Assim, tanto brancos como negros são incluídos por Vanessa na categoria "brasileiros". Dessa forma, para ela, tanto um como o outro fazem parte da mesma cultura nacional. Já o brasileiro descendente de japonês, mesmo que esteja no Brasil pelo número igual de gerações que um brasileiro descendente de imigrante russo, por exemplo, é considerado japonês, e não brasileiro. Isso deixa claro que o tripé consagrado por Gilberto Freyre como "o povo brasileiro" – o branco colonizador, o negro escravo e o índio nativo – é composto por aqueles que dividem no imaginário de nossa cultura a condição de brasileiros. Isso dá para o Brasil uma condição ligada à branquitude diferente de outros países, pois aqui é branca qualquer pessoa com feição branca, mesmo que sua ascendência esteja muito longe dos colonizadores brancos brasileiros.

Ainda dentro da fala de Vanessa, algumas perguntas surgem: apesar de ela não achar os negros bonitos, há aqueles que ela coloca como exceção. No entanto, eles precisam ser diferentes, exóticos e ao mesmo tempo ter traços físicos afilados, típicos

---

[40] Esta fala será analisada posteriormente no tópico que relaciona raça e gênero.

do padrão de beleza branco. Outra questão que chama a atenção é a entrevistada saber, de alguma forma, dos privilégios simbólicos que ela tem por ser branca, pois nesse caso ela se coloca acima do negro e ainda se enxerga com mais chances afetivas com um negro bonito do que com um branco. Isso mostra que, para ela, há uma hierarquia estética na qual ela está inserida e que privilegia os brancos em detrimento dos asiáticos, índios e negros em nossa sociedade. Essa mesma preterição aparece quando ela crê que os negros, que ela associa diretamente a jogadores de futebol e músicos populares, almejam uma loira.

Ainda sobre a relação da ideia de superioridade estética como um dos traços fundamentais da construção da branquitude no Brasil, podemos analisar as falas de dois entrevistados sobre o significado de ser branco. Quando pergunto sobre o que é ser branco, a resposta se configura em uma consciência de contraposição estética a um valor hierárquico:

Lia: Você se dá conta, no seu dia a dia, de que é branca? Pensa sobre isso? Em que situações?

Isabela: Sim, principalmente quando as pessoas chegam e dizem: "Ah, meu cabelo hoje tá horrível!". Tem um amigo meu, ele é moreno e reclama muito do cabelo, aí ele faz assim: "Ah, hoje meu cabelo tá horrível!". E eu lembro: meu cabelo nunca tá ruim. E nesse momento eu me dou conta, eu sou branca, e ele não.

Marcelo: Sim, quando eu tô no meio de outras muitas pessoas que não são brancas. Por exemplo, quando você tá num lugar em que a predominância é negra. Você pega um transporte público, você vai pra periferia e aí você vê que não tem gente branca ali. Você é um cara meio isolado naquele microuniverso ali, mas ainda assim não é nem a cor que chama atenção, é mais a feiura da situação toda, das pessoas, das construções, da pobreza.

Nos dois casos, os entrevistados dizem apenas lembrar que são brancos quando percebem a diferença em relação a outra identidade racial. Podemos então pensar que toda e qualquer identidade singular e coletiva só se constrói em relação a outra, ou seja, só aparece quando há uma contraposição. A diferença, no caso dessa identidade racial branca, surge nas duas falas associadas a aspectos que são significados negativamente em relação à alteridade. A identidade é sempre algo que define fronteiras entre quem somos nós e quem são os outros, portanto só existe em relação a uma alteridade. Desse modo, a beleza – associada nas falas sobre o cabelo que não é ruim ou a beleza que se contrapõe à feiura, que lembra Marcelo por ser "um cara meio isolado" no território da periferia, nomeada por ele como "feia" – aparece como um marco estético de igualar-se e diferenciar-se entre "nós/brancos" e "outros/negros".

Aqui, cabe perguntarmos o motivo de Isabela achar que seu cabelo nunca está "ruim". Como todos nós, Isabela deve acordar despenteada ou com os fios embaraçados. Mas quando falamos de raça, o que se coloca não é o próprio cabelo real, mas sim a lembrança de que ela, Isabela, é branca, e é branca porque o cabelo do amigo é considerado "ruim", e o dela não. A fala de Marcelo, em que reponde à minha pergunta sobre quando ele se lembra de que é branco, imediatamente menciona sobre os bairros em que esteve, bairros pobres, pretos e feios. O que isso teria de positivo em relação à branquitude como identidade? Nesse momento, não parece que Marcelo se lembre de algo que ele é, mas sim daquilo que ele não é e que outros são: não é pobre, não é preto e também não é feio.

Nota-se também nos entrevistados uma grande ambiguidade no tocante à cor da pele. O que está em jogo não é a cor da pele, mas sim a ideia de raça colada a ela. Os padrões estéticos dos entrevistados não remetem à tonalidade de cor da pele, mas sim a traços, feições e cabelo, que aparecem nas falas como relacionados ao que os entrevistados nomearam como "brancos", independentemente das diferentes tonalidades da brancura dos sujeitos. Quando Vanessa fala de um negro bonito, ela se refere aos traços afilados, assim como os outros entrevistados falam dos traços finos para descrever o branco como característica racial. Outro fator que demonstra isso é que, quando pergunto o que é uma pessoa bonita, o indivíduo moreno aparece como padrão estético dominante – moreno de raça branca:

> **Lia: Entre as diferentes raças, você acha que alguma é mais bonita?**
>
> João: Acho que branco é mais bonito. É o que eu acho... por ter uma cara mais europeia.
>
> **Lia: E o que seria "mais europeia"?**
>
> João: Uma cara mais, não sei, acho mais bonito...
>
> **Lia: Mais bonito por quê?**
>
> João: Na verdade, acho branquelo loiro feio pra caramba, tipo nórdico. Bonito é o europeu tropical, tipo do mediterrâneo, cabelo escuro, pele um pouco morena, mas de raça branca, com traços afinados.

Podemos observar isso também em outras falas, em que duas das entrevistadas expressam se sentir mal quando vão à praia e estão muito brancas. Elas falam da cor e do desejo de serem morenas. Mesmo assim, isso não aparece como uma contraposição ao modelo hegemônico de estética da raça branca, mas sim como oposição à extrema brancura, conforme podemos ver nas falas seguintes:

Lia: Me fale sobre você ser branca, qualquer coisa que te lembre.

Vanessa: Ah, por exemplo, eu já tive uma coisa meio inversa. Uma época tinha bastante inveja de mulheres com pele escura, porque não tem tanta celulite, porque a branca fica enrugada, mancha a pele. A mulher branca tá mais propensa a ter mais celulite e estria. Condição da pele mesmo, quantidade de melanina que ajuda. Então já tive o contrário, de olhar e falar: "queria tanto não ser tão branca". E aí a gente precisa tomar sol para ficar com cara de saúde. Assim como eu já tive no meio duma balada e uma menina negra falar: "Nossa, teu cabelo é tão bonito!"

É notável que ela comece a primeira sentença dizendo que já teve uma "coisa meio inversa" – e aqui cabe perguntar: o que ela gostaria de dizer com "inversa"? Inversa a quê? Seria pertinente dizer que, quando a entrevistada diz que admirar a pele dos negros é algo inverso, ela talvez pensasse que o padrão natural fosse os brancos sendo admirados por seus atributos estéticos? Então, quando ela admira os negros estaria invertendo a hierarquia estética racial de nossa cultura?

É importante deixar claro que não se trata de dizer que os sujeitos entrevistados se sintam, necessariamente, superiores esteticamente aos não brancos. Assim como os não brancos, os brancos também estão submetidos aos padrões de beleza vigentes de nossa cultura e, como a maioria da população brasileira, os brancos não se encaixam nas exigências desses padrões, como podemos ver nas falas seguintes.

Isabela: Eu odeio ser muito branca, tenho muita vergonha quando vou ao clube, à piscina.

Lilian: Às vezes me chamam de "branca negra", porque eu não tenho os traços delicados, eu tenho lábios grossos, nariz largo e, mesmo sendo loira, meu cabelo é ruim.

A fala de Lilian, mais uma vez, nos leva a pensar que o que está em jogo, para os padrões estéticos, não é a tonalidade da pele, mas sim aquilo que se refere a traços, feições e cabelos associados culturalmente ao branco europeu, sem miscigenações. Quando Lilian diz que seu cabelo é ruim, na mesma frase em que diz que às vezes é chamada de branca negra, associa à negritude os próprios traços que ela mesma não considera bonitos ou bons.

Dentro das falas dos entrevistados, poderíamos destacar outras inúmeras passagens em que a ideia de belo aparece associada à branquitude. Aqui fica claro que a estética da branquitude é valorizada não apenas por ser mais uma das diversas estéticas disponíveis em nossa sociedade, mas sim por ser aquela significada como a "verdade" do belo e que estabelece uma hierarquia em relação aos não brancos. Dessa forma, parece que podemos afirmar que a ideia de superioridade estética é, sim, um dos traços da branquitude em nosso país. Aqui é importante dizer que essa noção de superioridade estética aparece em relação aos negros, aos índios e aos asiáticos, não se contrapondo somente a uma única identidade racial.

De fato, tanto esse traço de superioridade estética quanto o padrão de beleza de nossa cultura não é algo natural ou dado aos brancos. Mesmo assim, essa imagem de belo produz significados compartilhados, dos quais os sujeitos se apropriam, singularizam, produzem sentidos e atuam sobre eles, de alguma forma reproduzindo-os ou contrapondo-os. Na teia dialética em que a realidade social e o sujeito individual implicam-se mutuamente, a mediação semiótica exerce um papel fundamental. A linguagem e os significados compartilhados culturalmente funcionam como determinantes no processo de constituição de cada sujeito. Dessa forma, os conteúdos racistas de nossa linguagem,[41] bem como a ideia de superioridade racial branca construída no século XIX, são ainda apropriados pelos sujeitos. E nesse movimento da constituição da consciência individual, os significados alheios se tornam sentidos próprios.

Sabemos, através dos estudos da psicologia sócio-histórica, que todo sujeito é capaz de produzir sentidos diferentes dos significados construídos historicamente. E isso vai depender das mediações semióticas que cada um vivenciará. Entretanto, os sujeitos entrevistados nesta pesquisa estão inseridos em uma sociedade tal que grande parte das mediações semióticas não favorece a desconstrução de tais significados, que, por sua vez, atribuem à branquitude um valor estético superior a outras identidades raciais. Agora, mais que isso, cabe perguntar: se muitos dos sujeitos entrevistados obtêm vantagens objetivas e subjetivas com o padrão estético vigente (como podemos ver na fala de Vanessa no início deste capítulo), qual seria a razão emocional para que estes se oponham aos significados que supervalorizam o grupo no qual os próprios estão inseridos?

5.2 Ideia de superioridade moral e intelectual

A explicação para as desigualdades raciais econômicas entre brancos e não brancos, segundo os depoimentos aqui elencados,

---

41 Há diferentes trabalhos que descrevem os conteúdos racistas da língua portuguesa, como, por exemplo, a palavra "denegrir" ou expressões como "a coisa tá preta", "humor negro", "lista negra", "magia negra", "mercado negro", "ovelha negra" etc.

está relacionada primeiramente à escravidão e à colonização. Porém, quando perguntei quais eram os motivos para as desigualdades continuarem após o regime escravocrata e por que eles achavam que os brancos estavam hoje nos melhores bairros das cidades e ocupavam os cargos de maior prestígio e poder na sociedade, entre outros privilégios, as respostas recaíram no argumento de que há algo intrínseco na cultura dos brancos que daria a eles atitudes intelectuais e morais superiores a dos não brancos. Veremos a seguir como isso aparece nas falas dos sujeitos.

Vinícius tem 55 anos, trabalha como vigia noturno, mora em São Paulo desde pequeno e não sabe as origens étnicas e nacionalidades de seus antepassados. Por isso, não compreende a cultura como algo relacionado à nacionalidade ou país de origem de seus antepassados. Mesmo assim, quando lhe perguntei o que significava ser branco, ele rapidamente sugere ser algo ligado à cor da pele e ao modo de agir:

Lia: O que é ser branco para você?

Vinícius: Posso responder o que é ser branco. Eu gosto da minha cor e gosto das minhas atitudes.

Lia: Tem a ver com as atitudes?

Vinícius: Não, vou dizer assim, eu gosto da minha cor e gosto das minhas atitudes. O que eu faço na minha vida, sou uma pessoa que trabalha, não faço coisa errada, então gosto muito das atitudes da minha sobrevivência, sempre tento fazer o bem, sempre tentando [fazer] as coisas certas.

A pergunta refere-se ao significado de ser branco e não, especificamente, às atitudes morais do cotidiano. Ser branco, para ele, vincula-se a características de atitudes e não à cor da pele. Há uma referência apropriada para essa situação: das proposições que Todorov (1993) elabora para a construção do discurso sobre as raças humanas, uma das características é, justamente, acreditar que há uma **continuidade entre o físico e o moral.** Vinícius, com sua espontaneidade, reproduz a ideia de que as raças não são apenas definidas por diferenças físicas, mas correspondem também a diferenças morais, psicológicas e intelectuais, e que dentro dos grupos raciais existem as atitudes "melhores", "naturalmente" associadas aos brancos. Pode-se notar também que as atitudes que Vinícius relaciona à pergunta sobre o que é ser branco estão ligadas a valores culturalmente construídos como positivos em nossa cultura: trabalhar, lutar pela sobrevivência, fazer o bem. A partir dessa fala, cabe perguntar se o entrevistado apenas associa essas características aos brancos ou se elas se contrapõem – como na construção de qualquer identidade – a outra identidade racial. Para entender melhor esse discurso, perguntei se ele achava que aquelas características eram suas ou dos brancos:

Lia: Você acha que isso é característica de branco?

Vinícius: Não todo branco, mas nas atitudes, tanto tem o errado branco como tem o preto. Mas para pensar a maioria, eu acho que nas atitudes os brancos são melhores. Nas atitudes, de agir na vida, os brancos são melhores. Pra falar a verdade, num é porque sou branco, mas eu acho que os pretos são mais violentos que os brancos, na minha opinião... São mais violentos em alguma coisa... né? Em maioria, os brancos são mais calmos que as pessoas pretas...

Diferente do que acontece quando o assunto são as características estéticas, a crença de uma superioridade moral e intelectual dos brancos está diretamente relacionada a uma contraposição que eles fazem em relação aos negros. Como afirma Marcelo, ao discorrer sobre os porquês das desigualdades raciais no país:

Lia: No Brasil, os cargos de maior prestígio, como profissionais liberais, senadores, deputados, médicos, empresários, advogados, são em sua maioria de brancos. Você acha que tem alguma razão para isso?

Marcelo: Eu acho que é a cultura. Por exemplo, minha avó é italiana, filha de italianos, ela veio da Itália, e eles eram pobres, mas sabiam como fazer tijolos, montaram uma olaria. Ganharam dinheiro, ficaram ricos. Minha avó foi trabalhar como faxineira de colégio público, criou três filhos sem pedir nada pra ninguém, colocou o lance da educação como a única solução pra eles saírem de uma situação desconfortável de limitação de roupa, comida, o próprio estudo. Então sempre impôs uma conduta ética, moral e de valores, que é o que fez toda diferença. Acho que é mais o lance da cultura, dos valores, da ética, da educação, do que um pai ensina pra um filho, do que a cor em si.

Lia: Você acha que a coisa cultural... O que é a cultura italiana?

Marcelo: Sim, eu tenho alguns conceitos que vêm da minha família. Me parece que lá é assim. Tenho como base de valores o trabalho, o respeito às leis, o respeito ao próximo. Eles carregam esses valores. Fora a cultura cristã, que é a cultura do respeito ao próximo, tenho família muito católica, tem o respeito ao próximo, somos todos irmãos. Isso também soma muito pros valores e a conduta ética do ser.

Lia: Então, você acha que o fato de os imigrantes virem e conseguirem ter dinheiro, depois de três gerações, está ligado à cultura?

Marcelo: Sim, imagina, eles sempre estudaram, não são analfabetos, tiveram acesso às letras, às ciências matemáticas, eles tiveram acesso ao conhecimento. E quando eles chegaram aqui, se não tinham, foram construindo.

Você não vê imigrante europeu sem estudar, sempre foi muito forte essa história do estudo, é um valor básico da sociedade deles. Diferente da cultura dos africanos, que são mais flexíveis quanto à ética e à moral, é só ver a religião deles, não tem esse negócio de fazer o bem... E eles dão mais valor para música, divertimento e essas coisas, enquanto o europeu, ao trabalho e ao estudo.

Marcelo contrapõe aquilo que ele chama de "cultura europeia" ao que nomeia de "cultura dos africanos". Seu discurso relaciona as vantagens dos brancos como atributos morais, éticos e de condutas culturais intrínsecas aos imigrantes europeus. Para Marcelo, a explicação sobre as desigualdades sociais, que para Vinícius foram justificadas pela ideia de raças superiores e inferiores, foi substituída pela lógica de culturas superiores e inferiores, permanecendo a hierarquia entre a civilização branca europeia e as civilizações africanas. Desse modo, a ideia de "cultura", como aponta Guimarães (1999c), transformou-se em uma noção tão fixa, estanque e estável quanto a de raça biológica.

Essa estrutura hierárquica entre culturas serve facilmente para um discurso racializado sem precisar fazer referência explícita raça e cor. Nesse discurso, são os brancos que aparecem como os mais civilizados, os mais cultos e com atitudes morais e éticas superiores. Mas esse modo de representação como próprio de civilizações europeias serve apenas para justificar o agudo contraste entre a população branca e a população não branca, representada por Marcelo como analfabeta, sem valores éticos e morais, e ainda como aptos à música e ao divertimento, enquanto os brancos são aptos ao trabalho e ao estudo. Em um mundo onde a ideia de civilidade e progresso está rotineiramente associada à cultura europeia e ao embranquecimento, fica difícil perceber esses discursos de nação e cultura em termos racialmente neutros.[42] Aqui é possível afirmar, com exemplos abundantes nas falas dos entrevistados, o considerável deslizamento de uma linguagem racista biológica para a cultural. Por outro lado, o discurso baseado em processos históricos e inclinações culturais pode ser, ao mesmo tempo, mais flexível, durável e com maior convencimento, pois oculta a discriminação racial pela justificativa cultural e mantém a ideia de superioridade moral, ética e intelectual que havia no discurso do racismo biológico. Dentro desse discurso, fica difícil imaginar um país sem o qual o branqueamento biológico e cultural seja visto como a única garantia de valores como modernidade e progresso.

Nesse aspecto, é interessante observar que, nos sujeitos entrevistados, a insistência em discursos biológicos e culturais com uma **hierarquia** (e não em uma diversidade) é o que fornece dados para pensar que a ideia de superioridade moral e intelectual – portanto, o racismo – ainda faz parte de um dos traços unificadores da branquitude.

5.3 A branquitude em ação: formas de manutenção de poder e o "medo branco"

Nesta seção, procuro compreender quais são as formas que possibilitam a manutenção dos privilégios e, a partir daí, quais as formas de poder que a branquitude exerce sobre as outras identidades raciais. Nesse sentido, a ideia de poder é vista tal qual elaborou Foucault (2001): "o poder não se tem, o poder se exerce".

---

[42] Sobre a maneira como o discurso sobre identidade cultural permite a fusão entre raça e nação, ver Gilroy, "One Nation Under a Groove", in: Eley and Suny, *Becoming National*, p. 357; e Gilroy, Paul (2001), *O Atlântico negro: modernidade e dupla consciência*, Tradução de Cid Knipel Moreira, Rio de Janeiro, Editora 34.

Ao dizermos isso, compreendemos que poder não é algo que os sujeitos têm, mas sim que realizam, em atos e materialidades. Manter o poder não é algo de que alguém, ou uma instituição, tome posse e guarde para si, mas, sim, algo que se exerce repetidamente e continuamente. Dessa forma, cabe perguntar: quais são essas formas de exercer e manter a branquitude nesse lugar simbólico de poder? Como os sujeitos são diversos, com diferentes posições ideológicas e de identificação com a branquitude, as manifestações e ações diferem, desde atitudes sutis até aquelas abertamente racistas.

Um primeiro ponto que percebi é que a maioria dos brancos em seus depoimentos sabem que são privilegiados em relação aos não brancos. Quando pergunto, no entanto, quais são as formas em que eles entendem que são privilegiados, muitos não se reconhecem como agentes de atitudes racistas. Sujeitos que dizem não ser protagonistas de atitudes racistas, de uma certa maneira, são favorecidos pelas atitudes racistas dos outros. No decorrer das entrevistas, os mesmos sujeitos que em uma hora diziam que a culpa era da sociedade e da escravidão, reconheciam posteriormente, em outros discursos, momentos em que eram racistas. Nesse sentido, a ambiguidade e fragmentação dos discursos dos sujeitos me pareceram algo muito relevante para a compreensão de como se mantém o racismo na sociedade brasileira. A ambiguidade aparece como artifício fundamental para que os sujeitos mantenham os privilégios, eximindo-se da responsabilidade moral.

Uma fala muito importante para a compreensão dessa ambiguidade foi a de João. O entrevistado disse que, em seus relacionamentos pessoais e no dia a dia, ele não se sente racista. Em um de seus depoimentos, contudo, disse que, ao contratar vendedores para sua loja, apesar de a maioria dos candidatos serem negros, de similar grau de instrução, costuma contratar brancos.

Ele argumenta que, por ter uma loja na área "nobre" da cidade, a maioria dos compradores são brancos e que, por isso, o vendedor deveria também ser branco para que o cliente se identificasse.

> João: Olha, não sei se isto é racismo, acho que é mais regra de mercado e publicidade. A gente sabe que o cliente deve se identificar com o vendedor para comprar mais, então como minha loja tem a maioria dos clientes brancos, eu sempre contrato vendedores brancos.

Na mesma lógica que João, Vanessa reconhece que existe racismo na sociedade brasileira. Sabe que os brancos são privilegiados e, ao falar da empresa em que trabalha (é propagandista médica de uma indústria farmacêutica internacional), diz achar estranho que não haja negros trabalhando consigo. Ao mesmo tempo, afirma que entende a razão por que eles não estão presentes na área de vendas.

> Vanessa: Por que eu não trabalho com negro? Não tem nenhuma mulher farmacêutica negra, que estudou na mesma faculdade, que possa exercer o mesmo cargo que eu? Onde eu estudei, lá na UNIP [Universidade Paulista], existiam várias negras fazendo Farmácia, e por que elas não estão aqui? Daí o racismo fica claro, não é só no meu meio social; por que nenhum negro trabalha com meu irmão na Microsoft, nenhum negro trabalha com meu pai, nenhum negro trabalha com minha mãe? Eu entendo que o cargo de vendas, que é o meu, eles não estejam presentes, porque precisa ter uma boa aparência para ser propagandista. Mas e dentro da empresa?

João e Vanessa deixam claro como são mantidos os privilégios da branquitude. Não estamos mais falando de sentimentos preconceituosos, mas sim das ações que mantêm os brancos em melhores lugares que os não brancos. Nesse mesmo sentido, foi possível perceber quão ambíguo é o reconhecimento dos privilégios para os sujeitos, pois me pareceu que eles sentiam pesar e vontade de mudança em seus depoimentos sobre os privilégios que viviam em seus cotidianos. No entanto, e no decorrer das entrevistas, percebi que reconhecer os privilégios não era ao mesmo tempo querer abrir mão deles. Nas falas abaixo é possível perceber que os sujeitos conseguiram enumerar situações em que eles foram privilegiados sem mérito, ou seja, houve por parte deles um reconhecimento de que nem todas as conquistas que obtiveram estão relacionadas a traços e características de suas individualidades, mas sim do poder do grupo racial ao qual eles pertencem.

> Lilian: Eu já consegui serviço porque eu era clara e a outra pessoa era negra. E depois descobri que a patroa era racista, que ela não gostava de negro.

> Fernando: Ser branco? Ah, ser branco é poder entrar no shopping para cagar. [pergunta feita para um rapaz loiro de olhos azuis morador de rua em uma conversa informal]

> Marcelo: Meu chefe é bem racista. Dizia que ele só gostava de trabalhar com gente branca, tinha preferência por branco... Aí, se eu fosse negro? Nunca teria sido contratado.

> Denise: A gente que nasceu branquinho claro, é como se tivesse sido convidado pra uma festa. A gente entra na festa sem problema nenhum, a pessoa nos recebe em qualquer lugar. Acho que o negro tem mais dificuldade, não digo de uma festa normal, isso aí é brincadeira... Mas pra procurar emprego, por exemplo, teriam preferência por um branco na hora de preencher uma vaga. Vai passar uma coisa mais de elite, uma classe social maior.

Aqui, podemos perceber situações cotidianas em que esses sujeitos foram claramente privilegiados, que revelam certas situações, como a possibilidade de ser um morador de rua com um pouco mais de privilégios que pode entrar em um shopping para ir ao banheiro, e uma situação em particular que muda por completo a vida de alguém: obter emprego. Logo após esses depoimentos, perguntei aos mesmos entrevistados se eles eram a favor de ações afirmativas para os negros. Expliquei detalhadamente qual era a ideia central de uma ação afirmativa como a de cotas raciais na universidade. Nesse momento, expus que assim como eles acabavam de reconhecer que tinham facilidades não relacionadas ao mérito, mas sim à pertença racial, o Estado reconhecia que os negros sofriam discriminação e que as ações afirmativas tinham o papel de reparar essas discriminações. Para minha surpresa, com exceção de Pedro, Tadeu e Lilian, as respostas de todos os entrevistados foram contra as ações afirmativas. Como exemplo, temos os depoimentos de Denise e Marcelo, demonstrando como o discurso sobre raça é ambíguo, pois nas falas acima os dois admitem que obtêm privilégios ligados estritamente à cor da pele. No entanto, quando se trata de abrir mão deles, não parece haver muita colaboração.

> Denise: Sou contra as cotas... Deveria ser de outra forma, não pela cor. A irmã dessa colega, que era mais escura até que ela, dizia que ia entrar no curso de Medicina se aproveitando das cotas... Eu acho que é o tipo de assistencialismo que é errado. Se fosse cotas pras pessoas pobres, é diferente... Pras negras, acho que faz uma distinção que é negativa.

> **Lia: Mas você não acabou de falar que os brancos foram convidados pra uma festa, têm uma característica que é só de raça...**

> Denise: Acho que é aumentar ainda mais o conflito entre brancos e negros. Uma festa é uma coisa, agora, uma faculdade... Quem estuda mais... Isso não depende de ser branco ou negro. É uma forma de tentar incluir essas pessoas na sociedade, mas elas já não estão incluídas nessa sociedade? Eu acho que elas estão.

Marcelo: Acho que isso cria mais preconceito do que resolve um problema. O problema aqui não é de cor, o problema é aristocrático, é gente que tem dinheiro que não quer saber do que não tem. Quem não tem não é só preto, não é só pardo, não é só branco, aliás, é preto, é pardo, é branco, é japonês, é de tudo. Você encontra "n" histórias de pessoas que são filhos de negros, mas não são negros que não podem pegar cotas porque tá indo pelo fenótipo. Se for ver geneticamente ele também é negro. A menina que trabalha pra gente de empregada doméstica é branca, descendente de alemão, mora na casa do caramba da periferia, é casada com negro, os filhos não são negros e não vão ter acesso. Eles não têm dinheiro, vivem a mesma realidade dos vinte negros que estão do lado deles, dos vinte pardos que estão do lado deles, então, quer dizer, é completamente nonsense no meu ponto de vista, não tem sentido nenhum.

As falas de Marcelo e Denise parecem demonstrar aspectos importantes da branquitude. A primeira delas diz sobre a contradição de discursos. As primeiras falas deles enunciam e evidenciam aquilo que já sabemos: brancos obtêm privilégios e reconhecem o racismo. Isso vai ao encontro da última pesquisa do IBGE (2011), *Características étnico-raciais da população: um estudo das categorias de classificação de cor ou raça 2008*, que aponta que a maioria dos brasileiros, 71%, acredita que a raça exerce influência importante na vida das pessoas, principalmente em relação ao mercado de trabalho. Contudo, quando a pergunta recai sobre formas de reparar essa iniquidade – as cotas –, parece que os sujeitos negam aquilo que acabaram de afirmar, pois como podemos ler nos depoimentos acima, Marcelo e Denise argumentam que o problema do Brasil e da desigualdade é um problema de classe social que pode atingir a todos, e aí o discurso do mérito de que todos somos iguais reaparece.

Aqui cabe nos perguntar: o que faz com que as mesmas pessoas que reconhecem os privilégios raciais neguem radicalmente o próprio discurso quando existe a possibilidade de que uma política pública venha ter significados positivos para os negros – com os brancos perdendo alguns de seus privilégios? Será que essas falas de sujeitos no início do século XXI repetem e dão continuidade ao "medo branco" do período da abolição e pós-abolição apontado por Célia Maria Marinho de Azevedo no livro *Onda negra, medo branco: o negro no imaginário das elites – século XIX* (1987)?

Uma das teses da autora é que tanto os emancipacionistas quanto os abolicionistas da época pensavam o negro não como sujeito de autodeterminação ou com capacidade de se projetar na sociedade. Para eles, o negro aparecia como um cidadão que deveria ser controlado e domesticado com dois propósitos: o primeiro, de mantê-lo à disposição dos donos dos meios de produção, e o segundo, de negar a luta civil dos negros para que não existisse perigo de o Brasil se tornar um país onde os poderes políticos ficassem nas mãos deles, como havia acontecido na mesma época na Revolução do Haiti (Azevedo, 1987).

O pensamento de Azevedo foi colocado aqui pois penso que, assim como naquela época, o Brasil branco de hoje tem medo da possibilidade da inclusão do negro em posições e cargos de poder e não enxerga as cotas raciais como conquista dos movimentos negros, mas sim como aparece na fala de Denise: um assistencialismo dos brancos. Essa hipótese pode ser pensada também através da continuação da fala de Marcelo, quando este se opõe às cotas:

> Marcelo: E fora que aí, se tiver cotas, só pra completar, você pode institucionalizar o racismo através de pessoas, de ONGs, de organizações que vão querer tomar o poder, ter algum poder como Estado, como nação, por-

que ele pode criar uma cultura ali de "ó, eu represento os negros". Aí você vai segregar aquelas pessoas, aquela pessoa vai ter mais poder sobre aquele grupo e pode agir de acordo com as vontades dessa pessoa, sendo que se você for pegar, então, que o negro tem menos acesso à cultura, menos acesso à informação, essa população pode ser manipulada. E tão dando poder pra que pessoas nesse sentido estejam fazendo esse tipo de coisa.

Lia: Mas como assim racismo? Não entendi...

Marcelo: Segregar mesmo, falar assim: a gente é preto, tem direitos especiais, eu vou lutar só pela gente, votem em mim, eu sou o seu candidato pra defender a raça negra, essa raça tão sofrida, blá, blá, blá... Quando, na verdade, acho que não é por aí. Acho que não tem a ver com raça negra, tem a ver com a população pobre.

Nesta fala de Marcelo, fica claro que, assim como a elite do século XIX tinha medo de uma organização negra, ou das revoltas negras, como, por exemplo, as organizadas no Brasil pelas nações haussás, nagôs e maleses[43] nas três primeiras décadas do século XIX, Marcelo tem medo que os negros em posições de poder possam se organizar em prol do bem-estar da população negra, e aí fica claro que ele é contra cotas não por achar que o problema brasileiro é de desigualdade de classe, mas sim porque, com uma organização negra, ele poderia perder alguns de seus privilégios. No entanto, Marcelo esquece que até hoje o poder, ao invés de neutro, como supõe em sua fala, é branco. Aqui fica claro que há uma negação do que ele mesmo assumiu anteriormente: no Brasil de hoje o privilégio é branco. Denise, de alguma forma, também aponta este medo, pois diz que as cotas podem

---

43 Ver João José Reis, *Rebelião escrava no Brasil: a história do levante dos malês em 1835*, São Paulo, Companhia da Letras, 2003.

aumentar o conflito. Suponho que o que ela chama de "conflito" é o fato de as cotas poderem retirar os brancos de um lugar privilegiado e, dessa forma, o silêncio sobre a questão racial no Brasil sofra uma interrupção reveladora. O que chama atenção é que a lógica dos dois é irracional, os argumentos são antagônicos e parecem enunciar de um lugar tomado pelo medo.

Nesse sentido, uma outra fala de Denise foi fundamental para compreender quais as razões pelas quais brancos conscientes de seus privilégios, e com discursos de igualdade, mantêm e legitimam lugares privilegiados para eles e seus pares. Podemos dizer que, nesse momento, o medo faz com que a branquitude entre em ação. Denise, ao comentar sobre sua posição na sociedade, tem receio de ser "zombada", de ser vista por um olhar que não seja de admiração ou de desejo de branqueamento, tem medo que a brancura tenha significados não positivos.

> Denise: Às vezes, quando estou em lugares que têm muitos negros, eu me sinto hostilizada por ser branca. Eu sinto um olhar de nojo pra mim. Eu sinto, às vezes, preconceito. Quando alguém acha que eu me sinto especial por ser branca. Mas eu não sei se eu faço esse olhar. Você sente que a pessoa te olha com cara de nojo, sente que a pessoa está te hostilizando. Eu até já ouvi algumas vezes: "ah, essa branquela se acha o máximo". Pode ser que eu me ache especial por ser branca. Aí eu acho que a pessoa tá me olhando torto, mas, na verdade, ela pode estar me achando um lixo e eu já senti isso. Talvez a pessoa ache que eu estou invadindo o espaço dela. No metrô, por exemplo, senti isso, como se eu estivesse invadindo o espaço de segurança dela. Por causa desse olhar eu acabo mesmo não me misturando.

Na fala de Denise, é difícil de compreender o porquê de ela interpretar o olhar direcionado a ela como nojo da cor da pele. Há outras inúmeras possibilidades para que alguém no metrô olhe para os outros com as expressões mais variadas. Mas o interessante é que ela afirma que é hostilizada porque as pessoas acham que ela se sente especial, e que os negros teriam desprezo por esse lugar de privilégio. Aqui, uma das possibilidades é ela enxergar no olhar dos outros aquilo que ela mesmo sente, e que tem medo de expressar. A outra é considerar que realmente esse lugar do branco pode ser um lugar de deboche e desprezo por aqueles que associam a brancura diretamente à branquitude. E talvez por isso Denise opta por não se misturar. Assim, sua branquitude não será colocada em questão, pois, segundo ela, é o negro que pode apontar e desvelar sua branquitude. Essa sensação de que a branquitude é revelada ao lado dos negros é um dos pontos que caracterizam a branquitude, pois, segundo Piza (1998), ela "é consciente para as pessoas negras".

Ainda como no pensamento de Azevedo (1987), podemos perceber que o medo aparece quando o branco encontra o negro como sujeito de autodeterminação. Quando a relação entre eles não é a de dominação do branco sobre o negro, e, portanto, o negro poderia olhar para o branco não com desejo de branqueamento, mas sim com olhos analíticos que desnudam a branquitude. E aí está o medo.

As reações de medo, portanto, ficam mais claras quando as reivindicações dos movimentos negros tomam lugar na sociedade. Assim como na época das revoltas negras do período da abolição, no início do século XIX, os movimentos negros têm conseguido colocar em prática algumas de suas reivindicações. Parece que os discursos conservadores que apelam para a não mudança aparecem de formas mais ferozes do que em épocas em que o poder branco está garantido.

Um outro exemplo da reação do "medo branco" ocorreu, exatamente, durante a escrita deste tópico, e por se tratar de um bom exemplo transcreverei aqui: no dia 16 de outubro de 2011, a Escola Municipal de Educação Infantil (EMEI) Guia Lopes, localizada no bairro do Limão, Zona Norte de São Paulo, amanheceu pichada com a seguinte frase: "Vamos cuidar do futuro de nossas crianças brancas". A pichação foi uma resposta às novas propostas pedagógicas que a escola vinha realizando, a saber: colocar em prática a Lei n. 10.639, de 9 de janeiro de 2003, que designa às instituições educacionais uma adequação no rol dos conteúdos programáticos para a inserção do estudo da África e dos africanos, da luta dos negros no Brasil, da cultura negra brasileira e do negro na formação da sociedade nacional, de modo a resgatar sua contribuição na área social, econômica e política, pertinentes à História do Brasil. Com esse intuito, a escola havia, naquele ano, instituído um conteúdo que valorizasse a lei e que fizesse parte do projeto pedagógico. A festa junina, por exemplo, teve motivos afro-brasileiros, bem como as questões raciais haviam sido discutidas com os alunos.

Fonte: Foto do arquivo pessoal da autora.

Nesse exemplo acima, o que está em questão é a perda dos privilégios simbólicos que os brancos adquirem no sistema educacional brasileiro, pois a escola, por ter uma atuação sistemática durante anos, tem um maior poder ideológico sobre os que nela permanecem e, portanto, o ensino eurocêntrico baseado na história das populações europeias, brancas e cristãs privilegia sistematicamente sujeitos brancos, fazendo com que se sintam inseridos na construção da cultura e do mundo, em detrimento das outras populações, como aponta Munanga:

> [...] é possível que a escola tenha maior poder de saturação ideológica, por ter uma atuação sistemática, durante anos a fio, sobre os que nela permanecem. O processo de seletividade dos segmentos sem prevalência histórica na nossa sociedade são alguns [sic] dos mecanismos produzidos para manter a ideologia dominante. O produto final de todo esse processo está configurado no currículo eurocêntrico vigente nas escolas brasileiras, em todos os níveis de ensino. (Munanga, 1996, p. 141).

Assim como no século XIX havia um medo de que o Brasil se tornasse um país negro, podemos pensar que o episódio da EMEI demonstra que esse medo ainda não foi elaborado pela população brasileira branca, e que, portanto, quando aparecem ações concretas para valorizar as culturas e as populações negras aqui presentes, as reações dos brancos são formuladas de diversas formas. No entanto, tais ações podem ser analisadas, como vimos nos depoimentos e na foto acima, quase sempre como ilógicas e motivadas pelo medo de perder os privilégios materiais e simbólicos obtidos pela estrutura racista. Quando Denise aponta que as cotas irão aumentar os conflitos e Marcelo demonstra medo de que os negros se autogovernem, e, ainda, quando uma escola amanhece pichada com menções diretas às crianças brancas, há, na verdade, uma atuação para que nossa sociedade continue privilegiando os brancos, não considerando que os negros possam existir em relação de igualdade, na qual brancos e negros podem deixar de lado a relação de dominação histórica de longa duração de sujeito-objeto e interagir como sujeito-sujeito.

Nessa mesma perspectiva, é necessário pensar que o racismo do século XXI se configura no sistema de produção atual do capitalismo. Estamos inseridos em um sistema que se estrutura na exploração da força de trabalho e que necessita de um excedente de mão de obra. Há o estímulo da produção, e a competição produz desigualdades. Assim, o racismo aparece como mecanismo para que os brancos se mantenham em posições de vantagem nessa competição.

Esses depoimentos também anunciam que os sujeitos brancos sabem que nenhuma situação de privilégio dura para sempre e que, para mantê-la, é preciso atuar diariamente. Essa posição da branquitude é acompanhada do medo e da ameaça permanentes. Isso faz com que brancos atuem consciente e/ou inconscientemente para não perdê-la e, nesse sentido, tanto as ações de João (quando apenas emprega os brancos), Denise e Marcelo (quando agem contrariamente às cotas), como também as atitudes agressivas dos pichadores da EMEI configuram-se como algumas das formas em que os sujeitos colocam a branquitude em ação.

Ainda pensando sobre as formas que sujeitos brancos utilizam para manter os privilégios, uma questão que salta à reflexão diz respeito à possibilidade desses brancos conservarem seus grupos sociais de brancos apenas entre brancos. Nesse aspecto, as perguntas "você já foi protagonista de atitudes racistas?" e "qual a cor da pele você escolheria para os seus filhos, netos e descendentes?" apontam, com as respectivas respostas empíricas, para a discriminação, no sentido de segregar. De alguma forma, essa é a maneira mais comum em que esses sujeitos colocam em ação a branquitude. Em ambas as perguntas, todos os entrevistados, sem exceção, responderam que em algum momento já discriminaram e que gostariam de ter filhos brancos.

Assim como os sujeitos assumiram em suas falas que tinham noção do privilégio conferido aos brancos, o referencial teórico lido para a construção deste livro havia me feito pensar que dificilmente os entrevistados admitiriam ter tido atitudes racistas em suas vivências cotidianas. Isso porque eu acreditava na afirmação da antropóloga Lilia Moritz Schwarcz, que avaliou uma pesquisa realizada em 1988, que diz: "Afinal, aqui ninguém é racista". A pesquisa revelou que 97% dos entrevistados disseram não ter preconceito. Mas, ao serem perguntados se conheciam pessoas e situações que revelavam a discriminação racial no país, 98% responderam que sim. "A conclusão informal era que todo brasileiro parece se sentir como uma 'ilha de democracia racial', cercado de racistas por todos os lados" (Schwarcz, 1996, p. 155).

Ainda sobre o brasileiro admitir ser racista, em 2003 foi realizada uma pesquisa pela Fundação Perseu Abramo, mostrando que 87% dos brasileiros acreditavam que há racismo no Brasil. Mas somente 4% deles reconheciam que eram racistas. No entanto, contrapondo-se às pesquisas citadas, todos os meus entrevistados admitiram já terem tido atitudes racistas e que já tinham se sentido privilegiados por serem brancos, mesmo que isso fosse negado em outros momentos da entrevista. É preciso perceber que há, em algum lugar desses sujeitos, a consciência dos benefícios da branquitude. Aqui cabe perguntar sobre o que fez com que os entrevistados, diferentemente das outras pesquisas, admitissem o racismo. Minha primeira hipótese é que, em meu questionário, não pergunto aos sujeitos se eles são racistas, mas se já foram protagonistas de atitudes racistas, assim a resposta não recai sobre o "ser racista" como uma escolha e uma defesa ideológica, mas sim sobre atitudes em momentos pontuais. E a outra hipótese, que cabe investigar melhor, é que programas e propagandas, como "Onde você guarda seu racismo?", além das discussões sobre cotas raciais na universidade, tenham provocado mudanças no comportamento dos brasileiros, como já apontado nas falas sobre o medo.

CAPÍTULO VI – FRONTEIRAS E HIERARQUIAS INTERNAS DA BRANQUITUDE

"O verdadeiro antônimo da igualdade é a desigualdade, não a diferença, e o de diferença é semelhança, não igualdade."

(Joan Scott)

Neste capítulo, pretendo compreender de que forma as diferenças entre os brancos marcam o que chamo de "identidade racial branca". Aqui é relevante compreender o conceito de identidade não como semelhança entre sujeitos, mas sim como compreendemos o conceito de identidade de grupo na ótica da psicologia sócio-histórica, o que significa compreendê-la como um processo histórico aberto e inacabado que se caracteriza pela unificação de histórias, projetos e significados comuns, construídos socialmente e compartilhados em contraposição a outros grupos (Maheirie, 2002). Assim, ao falar em identidade racial branca, entendemos que ela se constrói a partir de movimentos dialéticos que articulam semelhanças e diferenças, permanência e transformação, raízes e opções (Sousa Santos, 1995). Sob essa ótica, o conceito se apropria da noção de diferença e o incorpora à sua interioridade: identidade é semelhança e diferença ao mesmo tempo. Ou seja, ela se constrói como semelhante em oposição à diferença de outros grupos.

Dentre os entrevistados há sujeitos de diferentes classes sociais, moradores de diferentes bairros de São Paulo, de diferentes gerações, gêneros e níveis de identificação com a branquitude. O único dado em comum nas vivências desses sujeitos é que todos se consideram brancos. Cada sujeito, no entanto, atribui sentidos diferentes às práticas e vivências da branquitude, ocorrendo, portanto, uma autoidentificação afetiva e emocional, num jogo de igualdade e diferenças de modo particular. Isso se dá de tal forma que a constituição dos sujeitos como brancos é, ao mesmo tempo, singular e coletiva.

Sobre esse ponto, as entrevistas e as falas anotadas no caderno de campo nos inclinam a concluir que a identidade racial branca é internamente marcada por inúmeras diversidades. E é quando pensamos os brancos entre brancos que surgem outras divisões e diferenças. Classe, gênero, origem, *status* social e regionalidade. A seguir, veremos alguns dos depoimentos que ilustram essas diferenças.

6.1 Corpo, fenótipo e poder: a ilusão da origem

Para pensar a branquitude paulistana e sua heterogeneidade, um dos fatores que apareceu como significativo para a compreensão das fronteiras, diferenciações e hierarquizações entre os indivíduos brancos foi o fenótipo. A aparência física ligada à variação entre cor da pele, cor das mucosas e traços físicos, que incluem cabelo, nariz e boca, apareceu nas falas dos entrevistados e em conversas informais diretamente associada a uma ideia de origem e ancestralidade. Assim, mesmo que a ciência já tenha provado que variações fenotípicas ou características visíveis são uma reduzida parte da herança genética dos seres humanos – já que indivíduos com aparências radicalmente opostas podem partilhar um maior número de genes do que pessoas que partilham o mesmo tipo físico ou de cor de pele –, o fenótipo está ligado, no imaginário dos paulistanos, a uma ideia de pertença étnica e origem dos indivíduos. É exatamente por isso que minha análise de campo recai na compreensão de como os fenótipos brancos são hierarquizados e de que forma isso acontece.

Mesmo que parte de um imaginário fundador sobre o Brasil tenha como discurso o triunfo e orgulho da mestiçagem e da morenidade, o que aparece nas falas desses paulistanos é que alguns mestiços brancos só são considerados brancos quando o que está em jogo é a oposição aos negros. No entanto, no interior do grupo dos brancos há características da mestiçagem que hierarquizam, por assim dizer, essa brancura. No subgrupo que alega ter origem europeia, há uma distinção entre o "branco brasileiro" e o "branco original". Assim, o depoimento de uma entrevistada que diz ter origem europeia pode nos esclarecer sobre o que é essa diferenciação dentro desse contexto.

> Denise: [...] eu faço parte de um mundo que se eu fizer uma escova no cabelo, melhor ainda, que meu cabelo é ondulado. Se eu colocar uma maquiagem, meu olho é claro, eu tenho cara de europeia, não tenho cara de brasileira... Tem aquele branco meio sujinho, né? Um branco brasileiro que às vezes até tem olho mais claro, mas é meio encardido. Uma cor meio, assim, suja, diferente do branco de verdade... O branco ralé é o mestiço, é o sarará, é aquele que tem a pele branca e o cabelo bem pixaim. A pele dele é branca, mas ele tem traços de negro, então ele não é branco, é sarará...

Na fala de Denise, podemos identificar algumas facetas da branquitude. A primeira é que o valor da branquitude, como afirma Sovik (2009), está vinculado à origem étnica europeia e ao eurocentrismo e que, portanto, há uma hierarquia entre os brancos que está associada a quanto um branco tem dessa origem. Podemos perceber também que o cabelo, os tons de pele branca e os traços do rosto são os marcadores que apontam a falta ou a presença dessa origem. O fato de Denise achar que se fizer uma escova no cabelo ela estaria "melhor", pois "os olhos e a pele clara ela já tem", significa dizer que o cabelo encaracolado lhe retira um pouco da sua autoidentificação branca. Denise aponta, ainda, que o indivíduo branco de cabelo enrolado e com traços de negros não é branco, e sim sarará. Significa, para ela, que o branco brasileiro sofre algum tipo de impacto identitário pela mistura com os negros e índios. Essa mesma lógica parece estar presente, para Denise, na própria mistura das nacionalidades europeias ao longo do tempo, ou seja, haveria uma hierarquia entre as etnias europeias. Arrisco dizer que essa hierarquia é baseada em uma suposta ideia imaginária de pureza e de mistura, como apontam os depoimentos abaixo:

> Fernanda: Meu irmão é moreno, não é mulato, mas é moreno, moreno do Sul da Itália, bem moreno. Meu pai era moreno, mas pele clara, cabelo preto. Meu irmão tem cabelo preto, cabelo crespo que é do Sul da Itália. E ele dizia: "ah, agora o negro nessa casa sou eu!" Porque ele tinha um cabelo crespo, bem crespo, mas no Sul da Itália tá cheio... E vem de onde? Vem da África! Aquela mistura! Mas ele é branco.

> **Lia: Quando você acha que a pessoas deixam de ser brancas, qual é essa fronteira?**

> É a cor. Tem beiço, tem a cor das mucosas, é ter um pé na cozinha, né, essa famosa frase: "ah, aquela família tem pé na cozinha.

> **Lia: E você acha que tem diferença entre os brancos? Há um branco que é mais branco?**

> Fernanda: O meu privilégio eu diria que foi muito mais internacional. Eu não fui discriminada fora, nos Estados Unidos. Hotel... teve brasileiro branco que chegou em hotel e foi posto para fora. Você sabe disso. Eu não corri riscos sendo branca tipo europeia. Branca, branca, risco de ser tomada por mestiça... Qual é a fronteira que separa? A mestiçagem.

Lia: Quem é branco para você?

Marcelo: Quanto mais limpa a genética vinda da Europa, você tem o branco mais puro, tipo propaganda de sabão em pó. Que vem do Norte da Europa e Rússia, aquela região. Eu sou bem branco, deve ser a descendência russa. Norte da Europa é diferente do Sul, Norte e Sul da Itália. Por exemplo, no Sul as pessoas são mais morenas, cabelo mais enrolado, por exemplo, tem gente misturada da invasão dos otomanos. No Norte já são mais "suíças". Por exemplo, no Sul as pessoas são mais morenas, e já é tudo mais bagunçado, mais desorganizado. Você pode ver: da Suíça para cima, onde não teve mistura, é tudo melhor. O branco brasileiro não é tão branco, não é branco puramente branco. Mesmo porque o branco brasileiro descende de Portugal e o português é misturado, sempre foi colônia de férias de outros povos, da África, dos árabes.

Nas falas de Marcelo, Denise e Fernanda é possível perceber que os paulistanos descendentes de imigrantes europeus não se consideram como misturados, ou como não brancos, como propaga o discurso sobre mestiçagem no Brasil tão bem enunciado na música "Olhos coloridos", de Sandra de Sá: "A verdade é que você/ todo brasileiro tem!/ Tem sangue crioulo/ tem cabelo duro/ sarará, sarará/ sarará, sarará/ sarará crioulo". Ao contrário disso, os entrevistados afirmam uma branquitude sem misturas, e ainda uma branquitude "melhor", pois vem de etnias que, diferentes da portuguesa, não se misturaram com outras. E assim, apesar de brasileiros, os entrevistados apontam que há um branco que é branco só no Brasil, mas fora não é. Não à toa, Fernanda e Denise apontam que tiveram facilidades para circular na Europa que outros brancos brasileiros não tiveram. Aqui, percebemos a fluidez da raça na própria fala dos sujeitos. E cabe perguntar: qual é a fronteira que faz com que os entrevistados percebam que alguns fazem parte da branquitude brasileira, mas não fariam parte da branquitude de países europeus ou dos Estados Unidos?

Marcelo responde a isso definindo que há uma hierarquia nas nacionalidades europeias. Essa hierarquia está relacionada às nacionalidades que, em seu imaginário, tiveram misturas e a outras que não tiveram. Aquelas que não sofreram misturas demonstraram, para ele, melhor organização e uma "superioridade cultural". Essa hierarquia de nacionalidades é associada diretamente a uma hierarquia de fenótipo descrita por Denise, que, quando questionada sobre as diferenças entre os brancos, classificou-as em graus hierárquicos de brancura até chegar ao fenótipo mais branco, que seria o alemão:

> **Lia: Você consegue pensar uma escala de brancos?**
>
> Denise: Consigo. Tem o branco que a pele é branca, o cabelo é escuro e crespo. Tem o branco que tem o cabelo escuro, mas liso, olho claro. Tem um branco que tem cabelo castanho claro, mas crespo. Acho que o cabelo crespo tá sempre pior, o cabelo liso é o sonho de consumo.
>
> **Lia: E os traços?**
>
> Denise: Os traços, à medida que o nariz vai ficando menor e mais fininho, vai ficando mais branco. Apesar de que italiano tem narigão, enorme, pra frente. Mas eu acho isso, daí vai dar num alemão. Se você for pra Alemanha, tu vai ver que as pessoas têm o nariz menor, mais fininho, tal. O branco mais puro é loiro de olho claro... Que horror, né? É um conceito muito nazista, de raça pura. Mas é assim que eu vejo.

Na concepção de Denise, é necessário entender que o que está em jogo quando se fala em mistura e mestiçagem não diz respeito ao étnico, propriamente, pois a descendência entre brancos não é suficiente para estabelecer um conceito de mestiçagem, no plano imaginário em questão. Isso parece ser o que Fernanda aponta quando diz que os italianos do Sul são morenos porque estão perto da África, ou quando Marcelo diz que Portugal era colônia de férias de africanos e árabes. Quando um branco de origem alemã se mistura com um branco de origem francesa não parece haver "espaço" para a ideia de mistura, nem tampouco quando um negro da nação angolana se mistura com um negro da nação iorubá. Mais uma vez, fica claro que, nesse imaginário construído a partir da ideia de raça, há graus e graus de brancura, e que a desvalorização hierárquica está associada aos sujeitos que, apesar da pele clara, têm características de negros e índios, como cabelo, nariz, boca e formato do rosto. Essa ambiguidade projetada no fenótipo dos sujeitos não é só percebida por brancos que se autoidentificam apenas com a descendência europeia, mas também nas falas dos mestiços brancos, que muitas vezes não fazem ideia de sua origem – embora saibam que não são tão brancos quanto outros. É o caso de Lilian e Vinícius:

> Lilian: Já falaram que eu sou negra, porque eu tenho os lábios grossos, o nariz, bunda grande, sabe? Falam: ah, você é uma branca negra. Já falaram isso, mas eu nunca procurei estudar, aprofundar. Mas nesse ponto acredito também que existe o negro que é branco, tipo estes de lábios e nariz finos. Eu, por exemplo, sou branca, mas sou um pouco negra por causa do nariz, boca, do porte físico.

> Vinícius: Ah, tem vários tipos de brancos. Eu sou aquele branco meio encardido, né? Eu nem sei de que origem eu sou, sei que sou branco e meus parentes sempre contaram histórias da Paraíba. Acho que sempre foram de lá, e tem alguns que vieram pra cá pra São Paulo.

Os fragmentos acima mostram que a própria branquitude tem divisões que são construídas através da categoria de raça produzida no século XIX, pois as características estão ligadas ao fenótipo dos indivíduos e são hierarquizadas com o auxílio de uma noção biológico-científica, inscrita exatamente no século XIX. Um exemplo disso é a fala de João sobre as diferenças entre o que ele chama de "branco" e de "nordestino":

> João: Tem muito nordestino branco. Mas nordestino para mim não é branco, é nordestino. É uma mistura geral de português, índios e negros. O nordestino não é que nasceu no Nordeste, mas sim uma mistura. Por exemplo, o cantor Otto nasceu no Nordeste, mas não é o que eu chamo de nordestino. Ele tem cara de branco europeu. Já o branco nordestino tem cabeça chata, é baixinho, uma outra coisa.

A fala de João, que define o nordestino por características fenotípicas e não pelo pertencimento a essa região brasileira, pode nos ajudar a pensar que tanto os estereótipos quanto o preconceito do paulistano no que diz respeito ao nordestino podem estar associados a um grau elementar de racismo. Ou seja, o que faz com que João retire a nordestinidade do cantor e compositor recifense Otto (ruivo de olhos claros) e não daqueles com características físicas que João define como uma mistura entre português, índios e negros? Nesse caso, a retirada de Otto do grupo dos nordestinos por João mostra que foram apagadas e neutralizadas a história e a ligação do cantor com essa cultura e regionalidade, em nome de um olhar racializado, em que a anatomia é o paradigma. Em contrapartida, Vinícius, paraibano residente em São Paulo, que durante toda sua entrevista afirmou que os brancos têm atitudes melhores do que os negros, tomou para si a autoclassificação de "branco **encardido**", mostrando que, mesmo se sentindo parte da branquitude, sabe que há graus de brancura, e que nessa lógica racial ele é menos branco que outros.

Pensando ainda sobre o fenótipo como fronteira da branquitude, as falas citadas nesta seção demonstram dois aspectos muito importantes para o entendimento da ideologia do branqueamento e do discurso sobre a mestiçagem no Brasil. Sobre a primeira, percebemos que, como qualquer ideologia, ela afeta a todos: brancos, negros, mulheres, homens. No universo branco, o que parece é que nossa sociedade se apropriou dos significados compartilhados sobre superioridade e pureza racial e, dessa forma, desenvolveu um sistema hierárquico silencioso e camuflado de atribuição de *status* social que desvaloriza as pessoas na proporção direta em que elas se afastam do modelo ideal de brancura, representado aqui nos depoimentos dos sujeitos como: tom de pele muito claro, cabelos lisos e loiros, traços finos, olhos claros e ascendência norte-europeia.

Nesse sentido, afirma David Le Breton em *A sociologia do corpo*, "ao mesmo tempo em que é lugar de valor, o corpo é lugar de imaginários, de ligações contestáveis cujas lógicas sociais é preciso compreender" (2006, p. 72). Assim, esse ideal de branco, internalizado por todos aqueles com diferentes "graus" de brancura, opera para favorecer os mais fenotipicamente "brancos" em detrimento dos "menos brancos" em diferentes planos das relações sociais, ou seja, quanto mais alguém se parece com um negro ou indígena, mais sua imagem destoa do que esse sistema generalizado de atribuição de *status* define como belo, desejável ou admirável.

Percebemos, portanto, que essa hierarquia de classificação da brancura aparece nas falas carregadas de descrições e marcas corporais. No entanto, mesmo que essas falas façam alusão ao fenótipo, o corpo descrito engloba significados propriamente raciais, que muitas vezes remetem à origem ou ascendência, sendo que estas funcionam como metáfora da raça. Como afirma Guimarães:

> Ainda que tal classificação [baseada no fenótipo] seja diferente de uma classificação racial, que na maioria das vezes carrega consigo uma doutrina racialista mais ou menos explícita, parece claro que as classificações não apenas suge-

rem a mesma doutrina, afinal usam a mesma nomenclatura, como dificilmente mantêm-se sem serem contaminadas com expressões abertamente raciais, tais como 'mulato' ou 'mestiço'. (2008, p. 45)

A partir da análise sobre as relações de poder hierarquizante exercidas através da percepção dos fenótipos, é possível constatar que, mesmo que um sujeito se torne consciente da ideologia racista e a partir disso lute contra ela, no seu corpo estão inscritos significados racializantes, ou seja, o corpo está imerso em um campo de significados construído por uma ideologia racista. Portanto, ao ser percebido socialmente, esse corpo emerge do campo ideológico marcado, investido e fabricado por significados inscritos na sua própria corporeidade, uma heterogeneidade que corresponde a uma escala de valores raciais segundo a qual o corpo branco, ou melhor, alguns sinais/marcas físicas atribuídos à branquitude, balizam uma hierarquia, na qual alguns brancos conseguem ter mais *status* e valor do que outros.

6.2 Atravessamentos entre gênero e raça

"Acho que é diferente ser mulher branca e homem branco, porque aí tem as vantagens de ser branca, mas as desvantagens de ser mulher".

(Vanessa)

Como retratado nos capítulos teóricos, ficam evidentes as desigualdades sociais entre brancos e não brancos quanto aos acessos a bens materiais e valores simbólicos. Evidencia-se uma hierarquia em que no topo estão os homens brancos e que vai descendo para as mulheres brancas, homens negros e mulheres negras.[44] Essa realidade resulta de complexos mecanismos de discriminação, preconceito, diferenciação e superexploração cuja compreensão está nas análises das determinações histórico-estruturais em que se articulam gênero e raça. Tal abordagem extrapola os limites deste tópico. Contudo, pretendo compreender as associações feitas entre raça e gênero nas falas dos sujeitos, e como elas se objetivam em seu cotidiano. Para tal análise, é necessária uma pequena contextualização de como entendemos a categoria gênero para posteriormente associá-la e entremeá-la à branquitude.

Os estudos de gênero ganharam força a partir da década de 70 do século passado, quando a teorização feminista, através dos Estudos Feministas, propunha uma virada epistemológica sustentada na desnaturalização e essencialização dos sexos, que levou à substituição da categoria de papéis sexuais pela categoria de gênero, a partir da qual masculino e feminino passaram a ser compreendidos de um ponto de vista relacional (Lago, 1994). Segundo definição da historiadora Joan Scott (1990, p. 86): "1) o gênero é um elemento constitutivo de relações sociais baseadas nas diferenças percebidas entre os sexos e 2) o gênero é uma forma primária de dar significado às relações de poder". Gênero, portanto, caracteriza algo que não está propriamente no corpo, mas no modo como ele é percebido a partir das significações culturais construídas nas relações sociais entre homens e mulheres, sendo também por meio dessas significações que essas relações se configuram hierarquicamente, como relações de poder (Reis, 2007). À luz dessas considerações, é o jogo do discurso que constrói a visibilidade dos corpos dentro dessa oposição binária e desigual entre feminino e masculino (Nicholson, 2000; Butler, 2003).

---

44 Ver Hasenbalg e Valle e Silva (1988) e os dados retirados do site: http://www.dieese.org.br/esp/estpesq14112005_mulhernegra.pdf .

O gênero é uma forma de problematizar, de compreender determinadas relações de poder. Se o gênero está na origem dos processos de significação e de legitimação do poder, isso significa que ele não atua independente de outras categorizações sociais. As relações de gênero funcionam por meio de um sistema de signos e símbolos que representam normas, valores e práticas que transformam as diferenças sexuais de homens e mulheres em desigualdades sociais, sendo estas tomadas de maneira hierárquica, valorizando o masculino sobre o feminino. Sobre isso, Daniel Welzer-Lang, em *Les hommes aussi changent*, afirma que "Os homens dominam coletiva e individualmente as mulheres. Esta dominação se exerce na esfera privada ou pública e atribui aos homens privilégios materiais, culturais e simbólicos" (2004; p. 34).

A fala de Vanessa, citada como epígrafe deste tópico, nos mostra que, em uma sociedade de estruturas hierárquicas de gênero de dominação do masculino sobre o feminino, a branquitude não exerce o mesmo valor para homens e mulheres. Assim, o que pretendemos aqui é compreender de que forma se estrutura essa diferença.

Apesar das distinções acadêmicas separarem os marcadores de raça, classe e gênero em categorias isoladas, sabemos que a experiência de qualquer sujeito no mundo não é vivida fragmentariamente. E, considerados em conjunto, os marcadores do corpo como raça e gênero agem uns sobre os outros de maneiras diferentes, por isso "as masculinidades e feminilidades brancas e negras não são construídas como simples pares binários" (Ware, 2004, p. 285); elas operam em relações sistêmicas e assimétricas umas com as outras.

Nas análises das entrevistas e do caderno de campo, a primeira hipótese é que o gênero não era como as categorias de classe, regionalidade e/ou fenótipo, que atravessassem a branquitude, inscrevendo ora mais, ora menos *status* em relação à branquitude dos sujeitos. Contudo, em uma segunda análise, com um olhar mais apurado, algumas falas me fizeram pensar que a branquitude, como um valor, opera nas relações de gênero. E assim os dados desta pesquisa mostram que diferentes significados acerca da branquitude são dispositivados dependendo do sexo e das relações de gênero. Os valores da branquitude como poder e *status* são os mais preciosos para os homens, enquanto a própria brancura da pele e a ideia de beleza branca é algo mais almejado e de maior "preciosidade" para mulheres brancas do que para os homens brancos. A primeira fala que me fez olhar para isso foi a de Isabela, justamente quando perguntei sobre beleza de homens e mulheres :

> Isabela: Eu acho que mão de homem tem que ser grande, tem que ter veia no braço, tem que ter pescoço largo, são características principais num homem. Tem que ter bocão, tem que ter cara de homem, na verdade. Nada de coisa afilhadinha, precisa ter traços masculinos. É homem! É todo masculino. Mulher, pra mim, assim, tem que ter traços finos e delicados, nada exagerado, e as branquinhas têm uma coisa mais delicada e angelical.

> Denise: Ah, você sabe como é este mundo, né? Nós mulheres temos que ser bonitas, com boa aparência, arrumadinhas, homens precisam ser bem-sucedidos e másculos.

Denise e Isabela apontam o valor dado ao corpo e à aparência do feminino em nossa sociedade. Segundo a socióloga Liza Aparecida Brasílio (2007), em sua tese de doutorado *Um olhar sócio-histórico sobre a beleza: das amarras à alteridade*, a busca do padrão de beleza e a utilização dos meios tecnológicos são muito mais cruciais para as mulheres do que para os homens, pois estes contam com outros valores em relação a sua imagem, como a força e o poder. Para as mulheres, ao contrário, a aparência e o corpo são fundamentais para a sobrevivência nessa sociedade onde a beleza adquire um valor importante para a conquista de um parceiro e para a entrada no mercado de trabalho. De acordo com Gilles Lipovetsky (2000), na procura por um par amoroso nas relações heterossexuais, os homens possuem múltiplos dispositivos à sua disposição, tais como riqueza, posição, prestígio, inteligência, poder, humor. No entanto, para o autor, a arma de sedução primordial das mulheres é a aparência. Assim, afirma Lipovetsky que:

> Nos homens, o poder, a notoriedade ou o dinheiro podem substituir um físico pouco atrativo; nas mulheres, é forçoso reconhecer que não é absolutamente assim. A fortuna não chega a compensar o desfavor físico, o prestígio de uma mulher não a torna desejável nem sedutora. (Lipovetsky, 2000, p. 199)

Podemos, então, pensar que, em uma sociedade como a brasileira, na qual a ideologia racista e sexista perpassa todos os campos, exigindo das mulheres flexibilidade e adequação aos padrões estéticos da branquitude, como cabelos lisos e traços afinados, ser branca pode aparecer como um valor mais desejado para as mulheres, já que, de antemão, na hierarquia de gênero, estas são mais vulneráveis.

Conforme já destacado por diferentes estudiosos das relações raciais, no Brasil existem estereótipos construídos a respeito do comportamento sexual e matrimonial de homens e mulheres de diferentes grupos raciais, como, por exemplo: a virilidade e masculinidade dos homens negros (Moutinho, 2004; Alves, 2010), a predisposição desse grupo à escolha de parceiras brancas (Silva 1987; Alves, 2010), a sub-representação de mulheres negras no "mercado matrimonial" (Telles, 2003), a erotização exacerbada da mulher negra (Silva, 1987) e a castidade como um valor para mulheres brancas (Moutinho, 2004).

Sobre a escolha da preferência por mulheres com padrões de beleza ligados aos significados da branquitude, Marcelo, apesar de negar que a raça esteja envolvida em suas preferências amorosas, reafirma isso categoricamente quando diz que, em relação às preferências, na hora da procura afetivo-sexual:

> Marcelo: Tem o lance da preferência na hora de escolha por mulheres. De você pegar mulheres com traços mais delicados, mais finos, com formas, corpo mais arredondado, com aparência mais angelical. Tem todo esse lado, mas daí tem mais a ver com relação homem-mulher do que uma raça assim específica.

Tanto Alves (2010) como Moutinho (2004) apontam que na representação do homem branco o que aparece é uma figura ativa, aquele que, como apontou Marcelo, "pega" e escolhe, que, se valendo da posição de privilégio da estrutura racista e sexista, pode ter mais poder de escolha nas relações sexuais e afetivas. Assim, "homens brancos escolhem, não são escolhidos" (Alves, 2010, p.118). Nesse sentido, a sexualidade dos homens brancos é percebida como norma. Já as opiniões relativas à sexualidade do corpo feminino branco, bem como dos corpos negros, são carregadas de significações ora positivas, ora negativas, mas, no entanto, aprisionadoras, como a "angelical e "casta" mulher branca, a "supersexualizada" mulher negra e o "viril homem negro". Outra faceta dessa possibilidade maior de escolha matrimonial e amorosa dos homens brancos apareceu em uma conversa que ouvi entre dois homens brancos em um bar na Zona Oeste de São Paulo.

– Agora tá na moda essas mulheres branquinhas da Zona Oeste gostarem de homens negros, já viu? – neste momento ele aponta para um casal inter-racial que estava dançando no bar. O outro responde:

– É a fama que eles têm do tamanho do... – faz um gesto com as duas mãos que parece estar falando do tamanho do pênis – Mas nem é concorrência, na hora de casar elas não têm coragem e quem acaba escolhendo é sempre a gente.

– Mas você já reparou que agora tá cheio destes negros estilosos roubando as nossas mulheres?

Essa conversa parece bem ilustrativa do que já foi apresentado sobre os estereótipos de sexualidade e oportunidades para escolha amorosa de cada um dos grupos raciais: (i) na hora de escolher o parceiro matrimonial, quem tem maior chance são os homens brancos; (ii) as mulheres brancas são "roubadas" pelo homem negro, como se essas fossem "propriedade" dos homens brancos; (iii) o homem negro é reduzido ao órgão genital, e sua sexualidade é ameaçadora; (iv) as mulheres negras não aparecem no discurso, nem como opção matrimonial para esses homens; e, ainda, (v) o racismo aparece como fator de privilégio e vantagem para os brancos, que desconsideram que aquela relação poderia ser algo sério ou de encontro genuíno.

Levando em conta o fato de que os homens brancos aparecem no imaginário como aqueles que exercem o papel de ativos nas escolhas amorosas, a fala de Vanessa, já analisada no capítulo V, pode nos esclarecer o porquê dos significados produzidos positivamente sobre a beleza branca. Dessa forma, a brancura da pele pode ser vista como um valor mais precioso para o gênero feminino do que para o masculino:

Vanessa: [...] Quando saio à noite, se vejo um branco muito bonito, tenho certeza de que não tenho chances com ele. Mas sei, e tenho quase certeza, de que tenho chances com um cara negro muito bonito...

Lia: O que é um branco muito bonito? E um negro muito bonito? E japonês?

Vanessa: Para mim há diversos tipos de brancos muito bonitos, mas estou falando de um tipo Brad Pitt, loiro de olhos claros...

Lia: E por que você acha que, com um branco muito bonito, você não tem chances? E por que teria com um negro muito bonito? Qual a diferença?

Vanessa: É que para um branco muito bonito eu estou fora dos padrões, né? Eu sei que tenho um rosto muito bonito, mas estou fora do peso (risos)... E com um negro? Eu sei que eles adoram loiras (risos)... Não é? Olha os jogadores de futebol, os pagodeiros, eles sempre estão acompanhados de loiras.

Como vimos anteriormente, o feminino em nossa sociedade está sujeito a padrões de normatividade que incluem tanto a exigência de um corpo dentro dos padrões de beleza vigentes como também o casamento. Relacionando essa sujeição com o menor poder de escolha no "mercado matrimonial", a branquitude aparece como um dispositivo a ser "usado" para negociar relações afetivas e sexuais. Não à toa, Vanessa pode perceber que, em relação ao homem branco, quem tem a escolha é ele, já que ela não se encaixa nos padrões de beleza exigidos e está "acima do peso". No entanto, o fato de ser branca faz com que ela tenha mais oportunidades de escolha com os não brancos, diminuindo então as hierarquias que ela está sujeita quando a escolha do parceiro é do mesmo grupo racial, ou seja, a branquitude dá a ela a possibilidade de negociação dessa hierarquia quando a escolha é por alguém de um grupo abaixo na hierarquia racial. É aí que raça e gênero se entrecruzam.

Conforme mostra Silva (1991), há uma maior disposição para homens não brancos se casarem com mulheres brancas do que homens brancos com mulheres não brancas. Dessa forma, a questão do relacionamento inter-racial entre homens negros e mulheres brancas é motivo de diferentes embates dentro dos movimentos negros,[45] e, ainda, uma questão para mulheres negras é que, muitas vezes, pelos estereótipos a que estão submetidas, podem encontrar mais dificuldades na seleção de parceiros amorosos. Assim, são preteridas na hora dos arranjos matrimoniais (Telles, 2003).[46] No entanto, não encontramos na literatura dos estudos de relações raciais pesquisas quantitativas e qualitativas que descrevam quem são as mulheres brancas que se casam com homens não brancos, tampouco como estas negociam a branquitude nas suas rela-

---

[45] Durante os quatro anos do doutorado, acompanhei inúmeras discussões dentro do movimento negro em que a pauta das relações sexuais e afetivas entre homens negros com mulheres brancas apareceu como uma questão que ora era vista como traição de grupo, ora como desejo de embranquecimento e desejo de ascensão social. O terreno das relações afetivas vistas pelo prisma racial caracteriza-se como uma discussão bastante complexa e sua análise requer uma estruturação metodológica igualmente extensa. Os dados acima me levam a acreditar, no entanto, que tais hipóteses são verdadeiras. Em contrapartida, também acredito em encontros genuínos de paixão, desejo e encantamento que, por momentos, podem suspender as ideologias racistas em que todos estamos inseridos.

[46] Não é objetivo desta tese descrever os dados de casamentos inter-raciais no Brasil. No entanto, é possível investigar sobre isso nos estudos de Edward Telles (2003) e Nelson do Valle Silva (1987, 1992, 2003).

ções.[47] É exatamente pela falta de dados sobre isso que este tópico é uma hipótese que deixo em aberto para os pesquisadores do tema com uma pergunta: estariam as mulheres heterossexuais brancas tão submetidas aos padrões de moral e de beleza apontados aqui por Denise, Isabel e Vanessa que, para aquelas que se afastam desses padrões, a escolha por um parceiro de outro grupo racial apareceria como uma possibilidade com maior escopo de escolha e equidade? Uma das respostas dada a essa pergunta se encontra na pesquisa de Telles (2003):

> Para muitos homens jovens, pretos ou pardos, ter uma mulher branca (preferencialmente loura) é símbolo de sucesso, honra e poder, o que é coerente com a ideologia do branqueamento. Burdick[6] também notou que a sexualidade dos homens de pele escura atrai as mulheres brancas. Mulheres brancas também são atraídas para esses homens porque deles receberiam maior dedicação do que de homens brancos. (Telles, 2003, p. 155)

Até agora apontamos os privilégios da branquitude para as mulheres brancas. No entanto, é preciso pensar também como esses estereótipos sobre a mulher branca serviram para aprisioná-la e reprimi-la no tocante às expressões de sexualidade e liberdade. Vron Ware (1992), em *Beyond the Pale: White Women, Racism and History*, propõe que o racismo serviu não ape-

---

47 O estudo de Telles mostra que na maioria dos casamentos inter-raciais o cônjuge negro tem *status* socioeconômico superior ao branco. Esse fenômeno foi estudado em outras sociedades racistas com o nome de *"status exchange in interracial marriage"*, onde os cônjuges negros teriam um *status* tão baixo no "mercado matrimonial" que seriam obrigados a pagar um alto preço para obter casamentos "vantajosos" (*"marry up"*) com parceiros mais claros. De um modo economicamente realista, sua cor caracteriza-se como uma desvantagem e, em função disso, os cônjuges negros precisam de muitas outras vantagens compensatórias (maior escolaridade, maior renda etc.) para poder competir em pé de igualdade.

nas para subordinar os negros, mas também a mulher branca, e que na luta pela emancipação feminina, é necessária também a luta antirracista. Para demonstrar essa tese, Ware remonta à construção dos significados da mulher branca na história da escravidão, na qual esta foi "posta num pedestal pelo homem branco para controlar e humilhar o negro e para ter livre acesso à mulher negra" (p. 285). Nessa lógica, a mulher branca aparece como casta e angelical e, por isso, os homens brancos, donos de escravos, para satisfazer as necessidades sexuais "puramente instintivas", deitavam-se com as negras que também estavam subordinas aos estereótipos de hipersexualidade. Assim, a mulher branca era controlada em sua sexualidade e dominada como propriedade dos homens brancos. Se analisarmos as falas dos dois rapazes no bar, podemos perceber que essa construção simbólica pouco se modificou nos tempos atuais.

Nesse sentido, nota-se que os estereótipos relacionados à sexualidade da mulher branca fazem eco nos modos de vida atual. Marília e Yara demonstram isso através de falas sobre seus comportamentos no que tange à dança. Yara é professora de dança e conta que frequenta aulas de dança afro em uma escola no bairro da Vila Madalena e que para ela é obvia a diferença entre as brancas e as negras do grupo no tocante à forma como ambas se expressam corporalmente:

> Yara: Eu sou professora de dança e conheço muito da anatomia humana e tenho certeza que não há nada de fisiológico que faz com que nós, brancas, na hora da dança, fiquemos mais travadas e tenhamos menos desenvoltura quando os movimentos são mais sensuais. Ao mesmo tempo, sinto que lá na aula esses movimentos não são permitidos para a gente, é como se esse lugar de ficar na frente da fila, se expressar muito com a voz e o corpo fosse das negras, e não nosso.

Marília: Bom, meu discurso tá sendo extremamente moralista, tenho que fazer essa ressalva... mas, vamos dizer, a extrema brancura pode pegar um avião e ir curtir o Pelô. Ir lá e ver a síntese da sonoridade afro na Bahia e achar aquilo maravilhoso. Mas se essa brancura total for ali dar uma requebrada, vai ser de forma meio envergonhada, porque ela não vai tá expressando todos os movimentos livres, próprios das culturas e das cores que vivem a vida mais de acordo com o que a vida é, sem tanto isolacionismo. O branco vai lá e pode querer expressar aquele movimento sonoro que toma conta da alma dele e faz a alma dele feliz por um minuto, mas ele se entristece, porque ele sabe, ele sempre se lembra que não pertence àquilo. Daqui a dois dias ele toma o avião pra voltar pro núcleo dele.

Nas falas acima, percebemos que Marília e Yara também estão presas aos estereótipos da ideia falaciosa de raça, que determina como cada grupo deve agir e se comportar no tocante à expressão do corpo e da sexualidade. Assim, podemos concluir que os significados compartilhados socialmente sobre raça foram apropriados pelas mulheres brancas produzindo sentidos tão fortes que modulam o corpo e a experiência deste no mundo.

Descrever as inúmeras variáveis sociais e subjetivas que articulam gênero e branquitude transcende os objetivos desta pesquisa, assim como meu lastro teórico sobre o tema. No entanto, as análises acima demonstram que há fronteiras internas de gênero entre os brancos que diferenciam o valor da branquitude para homens e mulheres. Podemos perceber, então, que há uma fronteira interna ao grupo que modula a questão de gênero e, portanto, marca significados diferentes dados aos homens e mulheres brancos. Há também a fronteira externa à branquitude, que marca os significados da sexualidade, matrimônio e afetividade dos não brancos.

6.3 Classe social e gradações do branco: o branco e o branquíssimo

Dentro da diversidade de sentidos atribuídos ao indivíduo branco, uma das categorias que mais marcou as diferenças internas dentro deste grupo foi a condição socioeconômica de cada sujeito. Os sentidos produzidos e a autopercepção dos próprios sujeitos como brancos, e de quem são os "não brancos", foram diretamente articulados com a condição socioeconômica a que esses e os outros pertenciam. No entanto, foi possível perceber na fala dos sujeitos uma associação do branco à riqueza, ao acesso a recursos e à condição socioeconômica favorável. Essa associação é de extrema importância para entender por que alguns dos sujeitos se afastaram ou se aproximaram dos significados atribuídos à branquitude, e também como que esses incluem e excluem brancos e "não brancos" nesse grupo, produzindo fronteiras fluidas e contextuais nessa identidade, chegando, em alguns casos, a haver modificação da classificação racial dos mestiços, dependendo da condição socioeconômica.

Para entender como brancos de diferentes classes sociais articulam os significados dados à branquitude, bem como o próprio pertencimento ao grupo de brancos se articula com a condição socioeconômica, procurei investigar como os sujeitos diferenciavam e hierarquizavam os próprios brancos dentro do grupo. Ficou claro, dentro da divisão feita pelos próprios sujeitos, que há, definitivamente, um imaginário sobre quem é o branco da elite e quem é o "outro" branco. Nesse sentido, a fala de Marília parece esclarecedora. Marília divide o grupo de brancos em "brancos" e "branquíssimos":

Lia: Me ajuda a entender: o que você está chamando de branco e branquíssimo?

Marília: O branquíssimo é aquele que faz uma leitura econômica das situações todas, inclusive emocionais. Ele valoriza a riqueza, tal como ela foi posta pelos cânones todos. O branco é aquele que anseia por ser branquíssimo, mas ele tem obstruídos os caminhos daquela brancura total. Ele é branco, ele reflete aquilo, mas ele não é aquilo, porque pra ele chegar lá, é como se fosse uma gincana, vão poucos, ganha um de cada vez na Mega-Sena. O branquíssimo traduz todos os elementos da cultura de forma econômica, tem valor pra ele. Ele faz uma leitura econômica de tudo, no afeto, na profissão. E o branco?... O branco reproduz isso, mas ele tá no meio do caminho, ele espelha, ele almeja aquilo, mas, ao mesmo tempo, ele é o primeiro elemento de contato representante daquilo com o resto, os negros, e os outros todos que não são o branco intermediário. O branquíssimo não tem este contato. Se você pensar num problema pessoal, individual, ele é uma coisa. Se você colocar três branquíssimos juntos, eles já se tornam um problema social importante.

Esta fala de Marília expõe bem que há um grupo de brancos que são "mais brancos" que os outros, ou, como ela mesma diz, são os branquíssimos, e essa ideia de branquíssimos está diretamente ligada à posição de poder em que estes se encontram na sociedade brasileira. Marília também argumenta que os branquíssimos são aqueles que não têm contato com outros grupos. Já os brancos são aqueles que fazem a ligação entre o que Marília chamou de "outros" e, nesse sentido, fica claro que há uma divisão interna, ligada à condição socioeconômica, de quem são os brancos que se "misturam" e os que não se misturam.

O branco e o branquíssimo de Marília já foram pensados por diferentes estudiosos das questões raciais e podem ser traduzidos pela ideia de Telles (2003) de "relações raciais horizontais", em que a proximidade socioeconômica entre negros e brancos tornaria as relações raciais menos assimétricas, mais harmônicas, ou seja, o branco de Marília, aquele se mistura. E os branquíssimos, em contraposição, seriam aqueles que estabeleceriam "relações raciais verticais", marcados por contextos mais elitizados e por um racismo mais explícito e institucionalizado.

Fernanda, uma das entrevistadas que se autodenominou como de família "quatrocentona", pode ser o próprio exemplo daquilo que Marília chama de "branquíssimo", ou que Telles (2003) mostra como "relações raciais verticais": mora no Alto de Pinheiros, bairro nobre da cidade de São Paulo, e sua entrevista é inteira marcada pela associação de cor/raça com dinheiro, herança, posses, trabalho e modos de sobrevivência. Além disso, afirma que seu único contato com não brancos foi em situações hierarquizadas, nas quais estes eram empregados ou eram o que ela mesma chamou de "*smolers*". Das associações entre branco e riqueza, realizadas por Fernanda, quatro delas me pareceram fundamentais para a compreensão de como se articulam essas categorias.

Lia: O que é ser branco para você?

Fernanda: Branco não fala sobre dinheiro. Ser branco é não falar de dinheiro, não ter problema de dinheiro. Entre os brancos, principalmente nós que estamos aqui há muito tempo, não há relação entre trabalho e dinheiro. O que que é dinheiro? Dinheiro é uma coisa que a gente herda.

Lia: E dentro dessa sua família, o que se fala ou falava sobre cor? Como é que é ser branco, isso era falado?

Fernanda: Não. Dinheiro não é falado e cor não é falada. De jeito nenhum, o preto não existia. Ele é uma mão escrava, ele traz água, ele abana, ele faz... Existia um preto na família, que era amigo do meu avô Tonico, fazendeiro sempre. Foi criado com meu avô, como irmão, quando da alforria.

Lia: E esse que era meio irmão de seu avô era tratado como alguém realmente da família? Ou tinha diferenças?

Fernanda: Tinha, porque ele não herdava, ele tinha que trabalhar. Mas como ele era preto, não tinha problema nenhum. O negócio era o branco ter que trabalhar. Se bem que em minha família até que alguns poucos trabalharam. Meu avô trabalhou pra burro, de abrir boca de sertão, plantar, derrubar mata, trabalhou com muitos imigrantes italianos. Ele tinha uma serraria pra derrubar aquela Mata Atlântica maravilhosa. Agora, esse irmão dele de cor, não era anormal que ele trabalhasse. O branco, no caso do meu avô, trabalhava porque ele estava desbravando o sertão, ele estava aumentando o Brasil, ele estava se apossando de terras que iam torná-lo rico, claro. Mas não estava ligado ao trabalho, estava ligado à posse, entendeu, ao desmatamento e à posse da terra.

Aqui fica claro que o sentido de ser branco de Fernanda não é o mesmo de muitos outros brancos paulistanos. Ela está falando da experiência daquilo que Marília chamou de "branquíssimo" e que, sim, expressa a realidade de uma pequena parcela dos brancos. Este é o branco da elite, o branco escravocrata, "quatrocentão", o branco de Gilberto Freyre. Digo aqui que o branco de Fernanda é o branco da casa-grande e da senzala, pois, assim como Gilberto Freyre em sua obra, Fernanda expõe as ambiguidades da relação senhor/escravo quando afirma que tinha um "irmão" negro na família. Fala com carinho e afeto, mas não se espanta que para esse irmão era "normal" trabalhar e para o "irmão" branco, não. Afirma em diversas passagens que o branco é aquele que irá ajudar os negros, doar aos negros. Para uma maior compreensão de quem é este branco de Fernanda, perguntei a ela se o que ela estava falando era algo do passado ou algo do presente, se hoje em dia os brancos ainda são os que herdam, que não falam de dinheiro, e ela me respondeu:

Fernanda: Isto é tão forte que uma vez tive uma experiência maravilhosa. Achei minha filha um gênio. As meninas estudaram no [colégio] Rainha da Paz. Eu morava no Alto de Pinheiros, era o colégio dominicano, até um colégio muito bom. E tinha as freiras: elas davam aula pras crianças e as mães de uma favela, exatamente em cima do colégio, que era um terreno grande ali no Alto de Pinheiros. Então as mães chegavam de carro com as suas branquinhas, bonitinhas, e as outras mães com os pretinhos da favela. Ficavam alinhadas fora da escola com as crianças, esperando, porque depois que entravam as brancas, as freiras davam de comer, ofereciam prato de comida também pras faveladas. Então eu me lembro disso, nunca mais vou esquecer... Bianca, minha filha, dois anos e meio, disse: "mãe, que que é essa gente aí?" Eu disse: "ah, minha filha, essa gente mora ali naquelas casinhas feias, e as freiras fazem uma coisa muito bonita: dão aulas pras crianças aprenderem a ler e escrever, ensinam às mães a cozinhar, trabalhar, pra elas poderem ter uma condição de sair dessas casas e morar de um jeito melhor." Então ela ouviu e: "mãe, como é que é? Então eles estudam, eles começam a trabalhar e aí melhora. E aí vão fazer casa de tijolos... e vai fazendo a casa assim, a parede vai subindo, e quando chegar no telhado, eles já ficaram brancos?" Dois anos e meio! Ela não ouviu isso em casa, claro. Observação dela. Então como é que é? Os pretinhos moravam lá na favela. Se tão dando condições dele trabalhar e ganhar mais e poder morar melhor, mas tem uma história na cor que vai acontecer: na medida que a parede vai levantando, ele vai clareando até ficar branco todo. No telhado já está todo branco.

No discurso de Fernanda ficam claras algumas associações: branco/dinheiro e beleza, negros/pobreza e favela. Aqui, nessa fala de uma menina de dois anos e meio, tem algo esclarecedor desse entrelaçamento de raça e classe que apresenta a chave para o entendimento de como e por que a raça e o racismo vão além dos definidores que constroem a barreira da ascensão socioeconômica do negro na sociedade brasileira, bem como definem e diferenciam as experiências e vivências entre negros pobres e brancos pobres. Nesse sentido, os brancos pobres podem alcançar o *status* do branco rico, e o negro não. Ao sujeito negro não adianta ter educação, casas de tijolo e ascensão social, pois quando adquirir tudo isso a raça será o fator de interdição do sujeito ao grupo da elite. Assim, a observação de uma criança de dois anos e meio sobre a possível mudança de cor de alguém que enriquece demonstra que, para além das condições socioeconômicas, faltará ao negro o efeito de branquitude. Isso demonstra que classe é um diferenciador que hierarquiza as relações de poder entre brancos, mas também que não pode ser o único marcador de desigualdades quando se trata de brancos e "não brancos".

Nesse momento da fala de Fernanda já não são as memórias de criança na fazenda, mas sim da São Paulo contemporânea. Podemos ver, então, que o branquíssimo já não engloba apenas os "quatrocentões" descendentes de portugueses, mas todos aqueles de cor branca e os ricos, a elite econômica. Nesse sentido, os descendentes de imigrantes italianos, alemães, judeus, libaneses, entre outros, começam a fazer parte do que a própria Fernanda chama de "sociedade" paulistana ou do que Marília chama de "branquíssimo". A todos os brancos as portas estão abertas para a "entrada" na elite econômica e na sociedade. Ao negro, contudo, essas portas continuam fechadas.

Essa relação dos brancos com a riqueza fica ainda mais evidente quando pegamos os depoimentos referentes aos brancos pobres, que aparecem nas falas e atitudes dos sujeitos ora como um estranhamento, ora para dizer que somos todos iguais. Sobre o estranhamento, percebemos, no discurso dos brancos ricos sobre a pobreza branca, algo que insinua que eles não souberam se apropriar devidamente da branquitude, e que há algo que fizeram de errado para estarem nessa posição. Abaixo há um fragmento de Fernanda que demonstra bem o estranhamento da pobreza de olhos claros:

> Fernanda: Mas tem brancos que não têm privilégio algum, também estão miseráveis como os negros, só é branco. Não tem o dinheiro, não tem o poder pronto. Você sabe: Americana, no interior de São Paulo, a imigração para lá foi depois da Guerra de Secessão, por isso que chama Americana, né? Vieram generais e aquele pessoal da Rita Lee, que ela é descendente, um general da guerra e tal. Então, tem muito americano lá sem dente, sem nada, aquele olho azul, azul... miserabilizaram aquilo. Impressionante... você diz: "mas como ele se deixou chegar nesse ponto?" Porque ele tinha o privilégio, ele tinha a condição de não fazer. E aí é estranho...

Além de admitir o privilégio contido na branquitude, Fernanda nos mostra como o branco pobre é visto como um branco "inadequado". Ela aponta claramente que esse sujeito de olhos azuis e pele clara tinha todas as chances de se apropriar de sua branquitude e não o fez. Aqui, podemos concordar com Wray (2004), que afirma que, "na lógica representacional da supremacia branca, os brancos pobres são percebidos como uma anomalia ameaçadora. São percebidos como anômalos porque, supostamente, não exibem a competitividade econômica, o poder aquisitivo, nem a inteligência condizentes com uma raça superior" (p. 342). Para Fernanda, há algo de errado no fato do branco ser pobre, e talvez aquilo que ela diz ser "impressionante" é que o branco pobre aparece como uma ameaça ao poder da branquitude, pois isso indica que a pele branca por si só não dá ao sujeito os privilégios de uma boa vida material, ou seja, não está na pele o poder da branquitude, mas sim na apropriação, legitimação e reprodução dos significados sócio-históricos racistas construídos sobre o branco em oposição aos outros grupos raciais.

Em contraponto a Fernanda, Tadeu, 22 anos, nascido em uma família pobre na Baixada Santista, desde os 12 anos morador de rua no centro de São Paulo, mostra que, apesar de não ter se apropriado dos valores da branquitude e tampouco acreditar na supremacia branca, também está sujeito a ser visto como um corpo estranho no lugar social que ocupa. Tadeu nos conta duas situações que podem ser esclarecedoras:

Lia: Você acha que morando na rua teve menos discriminação por ser branco?

Tadeu: Tive mais. Porque você morar numa maloca que só tinha negros, mais de trinta pessoas, aí você leva um enquadro lá com todo mundo. O policial mesmo te esculacha: "o que você tá fazendo no meio deles? Você não é da mesma cor! Saia daí." O policial chega até a oferecer dinheiro pra você sair de perto deles.

Lia: Me conta isso melhor.

Tadeu: Era uma maloca ali perto do São Pedro, eram mais de 50 pessoas que moravam dentro. Do nada, todo mundo acordou com uma arma na cara, só eu que não. Eu olhei assim pra todo mundo, aí o policial já perguntou: "que você tá fazendo aqui, no meio de negros, esses porcos imundos?". E me ofereceu dinheiro pra sair de perto deles. Eu falei que não. Conheço muito policial que veste farda e são corruptos, são brancos e só vão cobrar dinheiro de negros. Pra quem vai na boca sempre vê essa cena. Eu não piso mais na boca por causa disso. Minha namorada usa droga, e eu falei pra ela: "um dia eu vou descer na boca pra te buscar". Mas eu não vou porque sempre encontro um policial que fala pra mim: "você não tá mais indo na boca, hein?" Você vai na boca, só tem gente mulata e negro que usa droga. Alguns brancos só. Aí você não usa mais droga, qual a relação que ele faz: que você vende droga, que você se aliou aos negros. Aqui o Centro tá assim hoje em dia, os negros tão fazendo as bases do tráfico deles. Os policiais, pra tentar corrigir isso, ou mata, ou faz corrupção.

O fato chocante desse depoimento é que o "inadequado" se refere ao fato de um branco estar naquele lugar, e não o lugar ser inadequado a qualquer vida humana. Tadeu também nos mostra quão naturalizada está a posição do negro em nossa sociedade. Uso a palavra "naturalizada" pois nos remete a algo da natureza: assim como uma árvore nasce na floresta e ninguém questiona o porquê, os negros aparecem nesses depoimentos como se o lugar social da pobreza fosse naturalmente deles. Esse acontecimento retratado por Tadeu é desconcertante em diversos aspectos, primeiro porque naturaliza o fato de os negros serem repetidamente aviltados em seus direitos. Segundo, porque nesse acontecimento o branco aparece como fora de seu lugar, como se o lugar de privilégio fosse seu por direito, e por isso ele é preservado de passar pela mesma humilhação que passam os negros, mesmo que a condição socioeconômica e de modos de vida sejam as mesmas e que ele mantenha relações raciais "horizontais" com seus colegas. E aqui podemos nos perguntar: fora de que lugar? A resposta dada por Joana e a descrição de Tadeu sobre dar e receber dinheiro na rua podem nos esclarecer isso:

> Joana: Parece que, inconscientemente, quando eu vejo um menino de rua branco, eu sinto muita pena, eu olho para aquela bochecha rosa, aquele olhinho claro e me pergunto: o que é que aconteceu para ele estar ali? Eu sempre acabo dando uma grana. Com o negro parece que eu já me acostumei.

Lia: E no seu dia a dia aqui na rua, tem diferença você ser branco?

Tadeu: Pras pessoas, eu acho. Tipo, tem a porta de um banco que às vezes eu fico lá desenhando, que eu conheço todo mundo que é cliente. Tô lá eu, branco, com três pessoas que são negras na porta do banco, eles já me falaram: "Tadeu, você ganha dinheiro sem pedir e nós que tamos aqui pedindo demoramos horas e horas pra conseguir dinheiro." Eu sento na porta do banco pra ficar escrevendo, desenhando e as pessoas passam e me dão dinheiro. Eu até ganhei um fã, tem um coroa que passa todo dia e fala pra mim: "eu sou seu fã."

Tanto o depoimento de Joana como o de Tadeu seguem a mesma lógica de funcionamento: o pertencimento racial dos brancos pobres asseguram a estes a mobilização da ideia de raça para (re)colocá-los em uma posição econômica melhor, ou seja, a situação em que se encontram demonstra que há algo de "errado" que precisa ser ajustado, e dar e receber dinheiro é uma tentativa de fazer isso. A fala de Joana também mostra a compaixão pelo sofrimento alheio, ou seja, tanto ela quanto o fã de Tadeu identificam que há um ser humano ali sofrendo. Uma identificação de que esse branco pobre poderia ser um de nós e que, por isso, desperta um sentimento de solidariedade. Tadeu, mesmo sem pedir, ganha mais dinheiro do que seus colegas negros, pois, como depreende-se do depoimento de Joana, negro miserável é algo natural, uma certa força do hábito torna aceitável que ele esteja naquela situação.

Sobre essa mesma situação, Nelson Mandela, em sua biografia, demonstra o espanto ao ver uma branca pobre. Em 1955, Mandela está com 38 anos e como as proibições judiciais haviam expirado, ele resolveu viajar para rever a família. Viajou para visitar a mãe no Transkei e depois de alguns dias partiu para a

Cidade do Cabo, dando sequência às ações do CNA (Congresso Nacional Africano). Em meados de setembro daquele ano, ele se depara com algo inusitado:

> Um dia, andando pela cidade, notei uma mulher branca na sarjeta, roendo espinhas de peixe. Era pobre e aparentemente estava desabrigada, mas era jovem e chegava a ser até atraente. Eu sabia, é claro, que havia brancos pobres, brancos que eram tão pobres quanto os africanos, mas era raro ver um. Estava acostumado a ver mendigos negros na rua, e espantei-me ao ver um branco. Eu dificilmente dava esmolas a mendigos africanos, no entanto, tive um impulso de dar dinheiro àquela mulher. Naquele momento percebi como o apartheid nos prega peças, pois as aflições por que passam os africanos são aceitas com naturalidade, ao passo que meu coração se condoeu imediatamente por aquela branca encardida. Na África do Sul, ser negro e pobre era normal; ser branco e pobre, uma tragédia. (1995, p. 158)

A fala de Mandela por si só já é uma análise da fala de Joana e Tadeu. No entanto, ele relata um contexto de meados do século passado, de um regime segregacionista, com todo um aparato do Estado que validara o racismo. No Brasil, um país com uma jovem democracia, uma Constituição que criminalizou o racismo e um ideal de igualdade racial, a população se espanta, ainda assim, com a miserabilidade dos brancos. Parece ser natural a miséria de um negro, da mesma forma que na África do Sul do *apartheid*.

Nesse aspecto, percebemos que as fronteiras de classe também são definidoras de significados relativos ao ser branco. Uma primeira distinção é a comparação entre brancos de elite e brancos pobres, que mostra as diferenças internas naquilo que se materializa no processo de ser branco. Dentro dessa fronteira percebemos diferentes (des)identificações e com relação à branquitude. Fernanda, por exemplo, nos remete ao grupo de brancos que se identifica com os valores da supremacia branca; não à toa, ela acha a filha um gênio quando a vê perceber, com dois anos e meio, as separações entre brancos e negros. Já Tadeu e Pedro, durante toda a entrevista, mostram sentir um incômodo com esses significados atrelados à branquitude, e procuram se afastar deles de diversas formas, uma delas a aproximação com o hip-hop e os grafites de rua.

Na esteira de um fenômeno paralelo, os brancos de bairros residenciais periféricos de São Paulo que, por razões socioeconômicas, apresentam uma série de críticas aos valores dos que aqui foram chamados de branquíssimos, voltam-se para culturas negras periféricas como uma forma de mostrar que, apesar da pele branca, não se identificam com valores e legados europeus de branquitude, como, por exemplo, os brancos de elite. Na fala de Pedro isso fica um tanto evidente:

Lia: Você se lembra quando você se deu conta de raças diferentes pela primeira vez? Quando você pensou sobre isso?

Pedro: Pensei a sério tinha uns 14 anos, de perceber que só negro era pobre e eu também era. E eu fiquei revoltadíssimo, com uma certa vontade de ser preto, porque eu me sentia mais eles do que os outros. Um pouco mais tarde, acho que com 16, porque eu sentia aquela opressão, um povo, não sei se um povo, uma raça, povo social, que era tão grande e tão oprimida e tão violentada. Aí eu só ouvia rap e não gostava mais de nenhum branco quando eu pensava nisso. Não gostava de branco como raça, como grupo, gostava dos meus amigos, mas não gostava como grupo. E é revoltante como ninguém percebe, e é revoltante como só negro se fode... Pela polícia, pelo trabalho. Eu vi amigo meu, tipo, tô andando com amigo meu preto, os caras paravam ele pra revistar e eu era o playboyzinho que ficava de lado, assim. Já ouvi história de amigo meu que apanhou da polícia por fumar maconha. Eu já fui pego pela polícia pichando muro e não aconteceu nada... Então, parece que com eles pode, sentem menos dor, sei lá...

Pedro nos mostra que quando brancos brasileiros procuram alguma opção para sentirem um alívio do dilema que é a identificação com a branquitude, quando não se espelham nem na ideologia da supremacia racial, nem nos valores desta, voltam-se para uma identificação estética com as culturas não brancas. No entanto, há também aqueles que, como apontou Marília, anseiam e almejam ser o branquíssimo, e que, por isso, mesmo estando em condições socioeconômicas não favoráveis, lutam para se encaixar nos padrões exigidos pela branquitude. E nessa questão, a cor da pele os favorece. Portanto, percebemos que há diversas fronteiras internas dentro desse grupo no qual a classe social e as condições de vida foram tomadas por todos os sujeitos como um divisor da categoria "branco", não apenas em relação ao diferencial de poder entre brancos pobres, classe média e ricos, mas, principalmente, como experiência que aproximaria os brancos pobres de outros grupos explorados e aviltados. Ser branco e pobre, nessa interpretação, seria estar sujeito à mesma opressão sofrida por outros pobres, independente das divisões de gênero, regionalidade e raça contidas na pobreza. Mesmo a pobreza sendo totalmente heterogênea, a opressão que realiza faz com que os sujeitos tenham experiências com resultados semelhantes: lutar diariamente pela sobrevivência. Portanto, em contraposição aos brancos ricos, os brancos pobres apresentam condições parecidas com relação aos nordestinos e negros que vivem na pobreza paulistana. Contudo, quando comparamos brancos pobres com negros pobres percebemos que os significados construídos em torno da pertença racial branca asseguram a eles privilégios e vantagens em diversos setores sociais, uma possibilidade de ascensão social, por assim dizer.

CAPÍTULO VII – FISSURAS ENTRE A BRANCURA E A BRANQUITUDE: POSSIBILIDADES PARA A DESCONSTRUÇÃO DO RACISMO

> *"Aprendemos a ser racistas, logo, podemos também aprender a não ser. Racismo não é genético. Tem tudo a ver com poder"*
>
> (Jane Elliot)

Como apontado na literatura sobre o tema, a branquitude se refere a um lugar de poder, de vantagem sistêmica nas sociedades estruturadas pela dominação racial. Esse lugar é, na maioria das vezes, ocupado por sujeitos considerados brancos. No entanto, a autoinclusão na categoria "branco" é uma questão controversa e pode diferir entre os sujeitos, dependendo do lugar e do contexto histórico. Portanto, é importante perceber que brancura difere de branquitude. A brancura diz respeito às características fenotípicas que se referem à cor da pele clara, traços finos e cabelos lisos de sujeitos que, na maioria dos casos, são europeus ou eurodescendentes. Posto isso, é importante pensar que os sujeitos brancos não têm em sua essência uma identificação com a branquitude, mas, sim, processos psicossociais de identificação.

É interessante observar que cada sujeito produz sentidos para sua brancura através de identificações diversas, na sociedade em que estão inseridos, com seus conteúdos e significados. Significados e sentidos são entendidos aqui tal como propõe a psicologia de Vygotsky. Na concepção de Vygotsky (1996a) sobre os significados atribuídos a cada conceito, há uma nítida relação entre aspectos cognitivos e afetivos do funcionamento psíquico. Isso se verifica porque esse funcionamento estabeleceu uma distinção entre os dois componentes de um conceito: o significado propriamente dito e o **sentido**.

O primeiro consistiria em um núcleo relativamente estável de compreensão da palavra (o signo) compartilhado pelos sujeitos que a utilizam, referindo-se, então, ao sistema de relações objetivas, formado no processo de desenvolvimento do conceito (significado). "O sentido, por sua vez, refere-se ao significado da palavra (signo) para cada indivíduo, composto por relações que dizem respeito ao contexto de uso da palavra e às vivências afetivas do indivíduo" (Oliveira, 1992, p. 81). O sentido atribuído à brancura será, então, constituído por cada sujeito de forma dinâmica, fluida e complexa. Ele é a unificação de todos os fatos psicossociais que despertam na consciência de cada sujeito, estando, portanto, entrelaçado a conteúdos intelectuais, vivenciais e afetivos. Assim, os significados de branquitude na constituição dos sujeitos são aqueles em que o sujeito se apropria da cultura, e o sentido de ser branco é o que cada um produz através das apropriações dos significados culturais mediados por suas vivências e afetos.

Para compreender o processo que faz com que um sujeito se torne racista é preciso entender que este é constituído nas e pelas relações sociais, sendo delas constituinte. É o sujeito que se relaciona na e pela linguagem no campo das intersubjetividades (Vygotsky, 1996a). O sujeito, dessa forma, se constrói e se realiza pela apropriação dos significados socioculturais em que está inserido e, portanto, para compreender como alguém se autoidentifica e identifica o "outro", é preciso perguntar – e se perguntar – pelas suas relações sociais, que são significadas sempre na relação eu-outro:

> O mecanismo da consciência de si mesmo (autoconhecimento) e do reconhecimento dos demais é idêntico: temos consciência de nós mesmos porque a temos dos demais e pelo mesmo mecanismo, porque somos em relação a nós mesmos o mesmo que os demais em relação a nós. Reconhecemo-nos a nós mesmos somente na medida em que somos outros para nós mesmos, isto é, desde que sejamos capazes de perceber de novo os reflexos próprios como excitantes. (Vygotsky, 1996b, pp. 17-18)

A partir desse enfoque, podemos dizer que sujeitos considerados brancos em nossa sociedade passam por um processo psicossocial resultante das mediações que experienciam durante a vida, de identificação com a branquitude. Portanto, podemos pensar que eles também podem, por diversas questões, não se identificar com o lugar simbólico da branquitude e construir fissuras entre a brancura e a branquitude, proporcionando-nos, dessa forma, algumas indicações para pensarmos em propostas sobre a desconstrução do racismo na identidade racial branca.

A branquitude, como visto anteriormente, tem um significado construído sócio-historicamente dentro da cultura ocidental. Ela carrega significados de norma, de beleza, de civilização etc. Porém, esses significados podem ser desconstruídos através de vivências e afetos diversos que irão produzir sentidos e tramas de significações não necessariamente coincidentes com aqueles construídos em nossa sociedade de maneira supostamente objetiva, desvinculando e separando a brancura da pele do lugar de poder dado à branquitude.

Para compreendermos as formas com que a brancura pode ser desvinculada da branquitude, invoco os estudos da antropóloga afro-americana France Winddance Twine (2004, 2006, 2007), que cunhou o conceito de "*Racial Literacy*"[48] para ser usado na compreensão de como os sujeitos brancos adquirem consciência dos privilégios da branquitude, da estrutura racista da sociedade e como negociam sua branquitude. Portanto, sujeitos brancos agem em seu cotidiano para desconstruir o racismo de suas identidades raciais brancas, abrem novos lugares, produzem novos sentidos ao serem brancos, desidentificando a brancura da branquitude. Twine propõe que para que haja uma real desconstrução do racismo nas identidades raciais brancas é preciso que os sujeitos brancos se percebam racializados e adquiram o que ela irá chamar de *Racial Literacy*, que, para autora, é caracterizado como:

> 'Racial Literacy'[49] é um conjunto de práticas que pode ser mais bem caracterizado como uma 'prática de leitura' – uma forma de perceber e responder individualmente às tensões das hierarquias raciais da estrutura social –, que inclui o seguinte: (1) um reconhecimento do valor simbólico e material da Branquitude; (2) a definição do racismo como um problema social atual, e não como um legado histórico; (3) um entendimento de que as identidades raciais são aprendidas e resultado de práticas sociais; (4) a posse de gramática e de um vocabulário racial que facilitam a discussão de raça, racismo e antirracismo; (5) a capacidade de traduzir e interpretar os códigos e as práticas racializadas de nossa sociedade; e (6) uma análise das

---

48 Os trabalhos de France Winddance Twine não foram traduzidos para o português. As traduções a seguir são de minha responsabilidade.

49 "*Racial Literacy*" significa, literalmente, "alfabetização racial". Penso que a melhor tradução para o conceito seria "letramento racial crítico", pois letramento está mais ligado à ideia de conhecimento do saber, da cultura envolvida. Seria, portanto, a competência de utilizar a linguagem adequada para cada situação social necessária. Optei, no entanto, por deixar o conceito em sua forma original e traduzir apenas o seu significado.

formas em que o racismo é mediado por desigualdades de classe, hierarquias de gênero e heteronormatividade. (Twine, 2006, p. 344, tradução minha).[50]

Para cunhar esse conceito, Twine realizou um trabalho etnográfico de aproximadamente sete anos que incluiu tanto entrevistas como também a permanência nas casas dos sujeitos. A pesquisa foi realizada com 121 casais inter-raciais na Inglaterra e nos Estados Unidos. Um dos resultados encontrados na pesquisa foi que a convivência nas relações íntimas inter-raciais pode aparecer como um microssistema político no qual o sujeito branco pode construir uma crítica à própria branquitude, fazer uma análise das configurações racistas da sociedade, assim como perceber-se como racializado e, portanto, produzir novos sentidos para as identidades raciais brancas e negras.

Na pesquisa realizada por mim na cidade de São Paulo, as relações amorosas inter-raciais não apareceram como condição para que os sujeitos brancos dessas relações adquirissem *Racial Literacy*, pois grande parte dos sujeitos entrevistados que se relacionaram amorosamente com negros tinha uma percepção neutralizada de sua racialidade e, algumas vezes, exaltavam a máxima de

---

50 No original: "Racial literacy is a set of practices. It can best be characterized as a 'reading practice'— a way of perceiving and responding to the racial climate and racial structures individuals encounter and include the following: 1) a recognition of the symbolic and material value of Whiteness; 2) the definition of racism as a current social problem rather than a historical legacy; 3) an understanding that racial identities are learned and an outcome of social practices; 4) the possession of racial grammar and a vocabulary that facilitates a discussion of race, racism, and antiracism; 5) the ability to translate (interpret) racial codes and racialized practices; and 6) an analysis of the ways that racism is mediated by class inequalities, gender hierarchies, and heteronormativity." (Twine, 2006, p. 344).

que no Brasil somos todos iguais e todos mestiços e que, portanto, não haveria diferenças entre eles e os parceiros. Em sua maioria, os entrevistados que tiveram essas relações não se relacionaram, como os entrevistados de Twine (2006), com negros que possuíam identidades negras afirmativas e/ou em comunidades de maioria negra. Ao contrário disso, os parceiros desses entrevistados eram uma minoria negra em um mundo de brancos.

No entanto, assim como na pesquisa de Twine, alguns de meus entrevistados, Lilian, Pedro e Tadeu, pareceram ter adquirido, durante suas vidas, a *Racial Literacy*. Portanto, pensar nesses três sujeitos pode ser uma forma de produzir conhecimento para criarmos possibilidades de mediações para que a construção de identidades raciais brancas não se dê mais como dominação, supremacia e normatividade, mas sim como diferença. E para isso é necessário que a sociedade produza novos significados para os lugares racializados de brancos e negros, e que os sujeitos produzam novos sentidos, assim como Pedro e Tadeu.

Esses entrevistados apresentaram características parecidas no modo como pensam, sentem e vivenciam a experiência da raça. Eles reconhecem os privilégios materiais e simbólicos que a brancura lhes concede; reconhecem o racismo na sociedade brasileira; percebem que não há diferenças biológicas entre brancos e negros, mas reconhecem que há desigualdades sociais entre os grupos, percebem que já tiveram sentimentos racistas involuntários e fizeram uma análise crítica nessas situações, e, ainda, todos apoiavam ações afirmativas para a população negra como proposta para reparação do racismo.

Na tentativa de compreender quais foram as mediações que esses sujeitos tiveram que possibilitaram suas constituições como brancos não racistas pude perceber que diversos fatores e vivências contribuíram para tal, porém uma delas me pareceu fundamental: os entrevistados tiveram relações de afeto não hierarquizadas com não brancos. Pedro cresceu em um bairro onde grande parte da população é negra, estudou, teve professores e amigos negros desde pequeno. Tadeu convive e tem relações de amizade com uma maioria negra. Aqui é importante perceber que a chave não está na convivência com os negros, nem na convivência pacífica, mas sim na convivência não hierarquizada com eles.

É exatamente a convivência não hierarquizada que permitiu que esses sujeitos se deslocassem de si, se colocassem no lugar deste outro e voltassem a olhar para si. Nas descrições e falas desses sujeitos é como se os olhos dos afetos negros fossem emprestados aos brancos para que olhassem de volta para si, mas agora com um saber outro e do outro. Essa experiência de olhar para si com os olhos de outros só foi possível porque, para cada um desses, esse "outro" era alguém com quem se tinha uma relação de proximidade. Aqui é importante frisar que o que possibilita essa vivência não é a experiência positiva com o outro, mas sim o deslocamento de si para uma outra posição subjetiva, a de perceber a alteridade nem como inferior nem como superior ou com qualquer conteúdo *a priori*, mas apenas como alteridade. Lilian nos apresenta esse olhar quando diz que:

> Lilian: Eu tenho uma colega que também é doméstica, ela é negra e um dia fiquei conversando com ela e ela dizia de algumas situações racistas que passava. Fiquei ouvindo e de repente não escutei mais nada, pois fiquei me imaginado na mesma situação que ela estava, fiquei pensando como seria se eu fosse ela, fiquei imaginando aquilo de não conseguir o emprego pela cor da pele, e depois pensei na mesma situação sendo eu mesma. É estranho porque imaginei que deve ser difícil ela saber se não conseguiu o emprego porque é negra ou por outro motivo. Eu quando não consigo não preciso pensar que é a cor da minha pele. Isso me faz pensar como a vida do meu pai e da minha irmã é mais difícil que a minha.

Esse saber olhar para o mundo e para si mesmo com a experiência do outro já foi teorizado para se pensar a condição dos negros em diáspora por W.E.B. Du Bois, que se refere à consciência do negro na América do Norte como clivada entre duas experiências: a identificação com sua raça pela opressão comum e a identificação com valores construídos pelo opressor de origem europeia, ou seja, pela branquitude. Essa posição de sempre olhar para si através dos olhos dos outros foi chamada por ele de "dupla consciência" (Du Bois, 2003, p. 9).

Inspirados no conceito de Du Bois, Winant (1997) e Twine (2006) conferem essa dupla consciência também aos brancos que conseguiram se olhar como socialmente racializados e adquiriram uma crítica à branquitude. Twine demonstra em sua pesquisa que essa consciência foi adquirida através dos relacionamentos interpessoais com sujeitos negros. Winant (1997) considera que essa foi uma conquista dos movimentos por direitos civis da década de 1960 nos Estados Unidos. Para ele:

> Não apenas os negros, mas também os brancos agora experimentam uma divisão em suas identidades raciais. Por um lado, os brancos herdam o legado da supremacia branca, a partir da qual continuam a se beneficiar, mas por outro lado eles estão sujeitos moral e politicamente aos desafios colocados pelo parcial êxito do movimento negro (e movimentos afiliados). (Winant, 1997, p. 4, tradução minha)[51]

---

51 Retirado da página do autor Howard Winant (http://www.soc.ucsb.edu/faculty/winant/whitness.html) em 28 set. 2011. Artigo publicado em: *New Left Review* 225 (Sept.-Oct. 1997). No original: "Therefore, not only blacks, but also whites, now experience a division in their racial identities. On the one hand, whites inherit the legacy of white supremacy, from which they continue to benefit. But on the other hand, they are subject to the moral and political challenges posed to that inheritance by the partial but real successes of the black movement (and affiliated movements)." (Winant, 1997, p. 4).

No Brasil, o movimento negro, apesar de ter conseguido algumas conquistas, ainda não teve o mesmo êxito que na América do Norte, mas podemos pensar que alguns movimentos estéticos de negritude também possibilitaram a alguns brancos essa dupla consciência. É o caso de Pedro. Ele relata que sua grande tomada de consciência foi escutar o rap de Mano Brown. Foi a música que fez com que ele se deslocasse de sua posição racial e olhasse para sua vida e a dos negros através da poesia do rap. Pedro sabe que é impossível vestir a pele do outro, dilema da raça. O que difere Pedro de seu vizinho não é a forma de vida, o tipo de comida, a religião que frequenta, nem, tampouco, as condições socioeconômicas, já que esses são traços, por assim dizer, "experimentáveis". Nesse sentido, é a sensibilidade e a identificação estética que fizeram com que ele se deslocasse sem trocar a pele. Nas palavras de Pedro:

> Pedro: O momento fundamental para a consciência ficar mais solidificada foi começar a escutar muito rap. Desde 14 anos ouço. E boa parte das temáticas das letras é sobre racismo. Não sei por que, mas me identifiquei e comecei a me revoltar com a condição dos negros contida nas letras. **O rap trazia um discurso que eu, sendo branco, ainda não tinha criado.** Depois, aos poucos, comecei a conversar com negros sobre isso, mas de uma forma ainda tímida. Teve uma vez que disse que queria ser negro, pois eu já tinha o olhar. E eu queria ser negro porque aí eu poderia brigar de fato contra o racismo. Na minha cabeça havia essa contradição, de ter uma revolta de "uma causa que não era minha". Mas, ao mesmo tempo, e sei que posso falar isso pra você, eu via os negros de forma diferente. Sabia que eles não eram eu, pois mesmo que eu tivesse o olhar sabia que pelo racismo eles tinham vivido a vida toda coisas diferentes de mim. E sempre me senti estranho de ter essa visão sobre eles.

Há algo fundamental no depoimento de Pedro, que, por sua vez, o faz diferir de um determinado senso comum brasileiro, em que "somos todos iguais". Pedro reconhece o outro e identifica nesse outro as vivências diferentes das suas em função do racismo. No entanto, entende que essas diferenças não são imanentes, mas sim resultado de uma condição de dominação. Ao mesmo tempo, ele se sente estranho. Pode-se dizer aqui que essa estranheza é o principal fator que caracteriza a dupla consciência. Sabe-se do outro, mas não se é o outro. Outro fator importante é perceber que os brancos não têm a possibilidade de perceber sozinhos o que é a branquitude. Foi necessário o rap para que isso afetasse Pedro, demonstrando, mais uma vez, como apontam Winant e Twine, que são as relações com os significados construídos, por sujeitos negros, pela estética negra ou pelo esforço das organizações negras, que determinam as percepções e sensibilidades sociais acerca da ideia de raça negra. Ainda caracterizando essa dupla consciência, Pedro afirma e reconhece o que Winant caracteriza como um dos traços da dupla consciência dos brancos: o benefício do privilégio.

> Pedro: Apesar de eu ser branco, tenho uma consciência que o grupo de brancos, na humanidade como um todo, foram aqueles que destruíram boa parte do mundo, e também propagaram grandes guerras e violência. É estranho que esse grupo é considerado o avanço, o civilizado. Eu não me identifico com essa ideia de brancos e não gosto do grupo branco nem de lugares que só tem brancos. Me sinto mal. Mas ao mesmo tempo tenho amigos brancos, sei que cada pessoa é cada pessoa. E também pessoas como eu e meus amigos não têm culpa de terem nascido brancos. A gente teria culpa se continuasse legitimando e aprovando isso. É horrível quando eu percebo que tenho vantagens por ser branco, porque nessa hora eu não posso fazer nada. É para além de mim se o cara do banco acha que eu posso entrar, que sou confiável e meu amigo não.

Esse depoimento permite observar que há, na luta antirracista, diferentes frentes a serem atingidas. Uma delas é o processo de identificação social, que é de sua responsabilidade e participação, processo em que o ator social pode e deve ser agente de mudanças, que está ligado a uma tomada de posição sobre seu racismo latente, sobre perceber seus privilégios e, portanto, sobre um trabalho para desconstruir o racismo e os significados racistas apropriados por cada sujeito, produzindo, assim, novos sentidos para o que significa ser branco e o que significa ser negro. Tanto Pedro quanto Lilian tiveram vivências que lhes possibilitaram desconstruir muitos dos significados racistas de suas respectivas culturas. No entanto, ambos admitem que, mesmo sem intenção, usufruem de privilégios em relação aos negros, ou seja, são, dentre os entrevistados, dos poucos que já refletiram sobre o assunto, além de lutarem contra uma identificação inercial com a branquitude. Contudo, apesar de continuarem obtendo benefício de suas posições raciais, Lilian e Pedro adquiriram *Racial Literacy*, o que caracteriza uma mudança no espaço social em que atuam.

É impossível afirmar, no entanto, que esses sujeitos tenham adquirido uma vida completamente não racista: os depoimentos não são suficientes para mensurar uma tomada de posição dessa natureza. Não acredito, ainda, que exista em qualquer sujeito racismo *on* ou racismo *off*, mas que há pessoas que passam a adquirir uma conscientização da questão e outras não. É preciso lembrar que há o caráter de ambivalência e contradição em todo sujeito. De qualquer modo, podemos afirmar que, tanto em Pedro como em Lilian, há uma posição de não legitimação do racismo, bem como uma movimentação para mudanças no cotidiano deles e de quem está próximo.

Para uma real transformação no tecido social brasileiro nesse sentido, precisamos que haja – além dos sujeitos brancos adquirirem *Racial Literacy* e serem precursores de mudanças em seus microlugares de poder e atuação – uma mudança estrutural nos valores culturais da sociedade como um todo: é preciso que a branquitude como lugar de normatividade e poder se transforme em identidades étnico-raciais brancas nas quais o racismo não seja o pilar de sua sustentação. Para isso, além da psicologia e da constituição dos sujeitos enquanto atores sociais, é preciso alterar as relações socioeconômicas, os padrões culturais e as formas de produzir e reproduzir a história brasileira. Assim, as políticas públicas voltadas para a igualdade racial, como as cotas, o reconhecimento da história e do espaço do negro e a ação do movimento negro, são essenciais para que os brancos consigam se deslocar da posição de norma e hegemonia cultural.

CONSIDERAÇÕES FINAIS

Para finalizar este percurso, volto a fazer a pergunta apresentada por Ware na introdução do livro *Branquidade: identidade branca e multiculturalismo:* que forças históricas e contemporâneas sustentam as formações particulares da branquitude no Brasil, e que estratégias antirracistas seriam apropriadas para subvertê-las? (2002, p. 9). Este livro se configura como uma possível resposta a essa pergunta, pois procurou compreender de que forma a ideia de branquitude é apropriada e constituída – ao mesmo tempo em que os constitui – pelos sujeitos brancos na cidade de São Paulo.

A leitura dos estudos críticos sobre branquitude apontou que se há algo comum nesse processo de construção da identidade racial é que ele é construído nas sociedades contemporâneas como lugar de privilégios materiais e simbólicos em que sujeitos considerados brancos trafegam soberanos em sociedades estruturadas pelo racismo, delimitando assim fronteiras hierarquizadas entre brancos e outras construções racializadas (Britzman, 2004; Steyn, 2004; Bento, 2002; Twine, 2006; Winant, 2002).

Outra consideração fundamental para se pensar a branquitude, e uma das descobertas deste trabalho, é a compreensão de que essa identidade racial tem fronteiras e distinções internas que hierarquizam os brancos através de outros marcadores sociais, como classe social, gênero, origem, regionalidade e fenótipo.

Assim, nas análises que fiz, procurei inicialmente compreender como esses privilégios são apropriados, legitimados e construídos pelos sujeitos brancos em um cenário urbano específico: a cidade de São Paulo. O enfoque se deu, portanto, na compreensão daquilo que define "quem somos nós" e "quem são os outros", o que nos permite construir, ainda, as fronteiras externas entre brancos e não brancos. Na segunda parte do trabalho, a compreensão recaiu sobre as fronteiras internas da branquitude. Procurei, ali, responder como os significados construídos sobre branquitude hierarquizam e criam divisões internas no próprio grupo de brancos.

O primeiro elemento apontado por mim como parte do que caracteriza as divisões entre "nós brancos" e "outros não brancos", em São Paulo, são os marcadores espaciais simbolizados como "lugar de branco", que estão associados diretamente a bairros, ambientes e lugares onde se acumula riqueza. Esses lugares simbolizam, também, a ideia de progresso paulista. Mostram que a construção da branquitude e da identidade paulistana, associada à ideia de civilização, progresso e riqueza anunciada na estrofe "São Paulo engrandece a nossa terra" da música "Aquarela do Brasil", entrecruzam-se e constroem-se mutuamente. Dessa forma, em São Paulo não há somente padrões de ocupação urbana que formatam a distribuição racial. Há, também, conceituações sobre raça que derivam das várias formas de como o espaço urbano é compreendido. Há, por assim dizer, padrões de diferenciação social e de separação que variam na cidade e estruturam a vida pública e o relacionamento dos grupos raciais no espaço social.

Sobre as características demarcadoras entre brancos e não brancos compreendi que os indivíduos, querendo ou não, são classificados racialmente logo ao nascerem: sobre aqueles classificados socialmente como brancos recaem atributos e significados positivos ligados à identidade racial a que pertencem, tais como inteligência, beleza, educação, progresso, moralidade etc. Esse traço de superioridade contido na construção social da branquitude produz significados compartilhados, dos quais os sujeitos se apropriam, singularizam, produzem sentidos e atuam sobre eles, reproduzindo-os de alguma forma. Dessa maneira, os conteúdos racistas de nossa linguagem, bem como a ideia de superioridade racial, são ainda apropriados pelos sujeitos. A concepção estética e subjetiva construída diariamente acerca da branquitude é, em nossa sociedade, supervalorizada em relação às identidades raciais não brancas. Isso implica a ideia de que a crença na superioridade moral, intelectual e estética dos brancos, construída pelo racismo científico dos homens da ciência em fins do século XIX, constitui um dos traços característicos da branquitude paulistana contemporânea. Aqui é preciso considerar que o discurso baseado em processos históricos e inclinações culturais apresentado pelos entrevistados pode ser, ao mesmo tempo, mais flexível, durável, com maior convencimento e mais difícil de desconstruir do que o discurso biologicista, pois aquele oculta a discriminação racial pela justificativa cultural e mantém a ideia de superioridade moral, ética e intelectual que havia no discurso do racismo biológico do século XIX.

Entre as diferenças internas do grupo, a primeira divisão que me chamou atenção foram os significados sociais inscritos sobre o corpo, ou seja, o corpo branco também está imerso em um campo de significados construído por uma ideologia racista. Portanto, ao ser percebido socialmente, esse corpo emerge do campo ideológico marcado, investido e fabricado por significados inscritos na sua própria corporeidade, com uma heterogeneidade que corresponde a uma escala de valores raciais, segundo a qual o corpo branco, ou melhor, alguns sinais e marcas físicos atribuídos à branquitude balizam uma hierarquia, na qual alguns brancos conseguem ter mais *status* e valor do que outros. O fenótipo dos brancos ainda aparece, sobretudo, como marcador de regionalidade e de falsas ideias sobre origem que se sobrepõem umas às outras para hierarquizar internamente os brancos.

O estudo sobre a branquitude paulista também demonstrou que há fronteiras internas de gênero entre os brancos que diferenciam o valor da branquitude para homens e mulheres. Podemos perceber, então, que há uma fronteira interna ao grupo que modula a questão de gênero e, portanto, marca significados diferentes para homens e mulheres brancas. Há, também, a fronteira externa à branquitude, que marca os significados da sexualidade, do matrimônio e da afetividade para os não brancos.

Há diversas fronteiras internas nesse grupo, em que a classe social e as condições de vida foram tomadas por todos os sujeitos como um divisor da categoria "branco", não apenas em relação ao diferencial de poder entre brancos pobres, classe média e ricos, mas, principalmente, como experiência que aproximaria os brancos pobres de outros grupos explorados e aviltados. Ser branco e pobre, nessa interpretação, seria estar sujeito à mesma opressão sofrida por outros pobres, independente das divisões de gênero, regionalidade e raça contidas na pobreza. Contudo, quando comparamos brancos pobres com negros pobres percebemos que os significados construídos em torno da pertença racial branca asseguram privilégios e vantagens em diversos setores sociais.

Além dessa transversalidade heterogênea, estrategicamente dispersiva e constitutiva, este trabalho caracteriza-se, ainda, como uma síntese de diversas análises que poderiam ser aprofundadas em novos estudos que priorizassem pensar qual o papel do branco nas relações raciais brasileiras. Nesse sentido, este livro é uma abertura para outras pesquisas, pois penso que cada questão aqui posta poderia ser investigada separadamente, contribuindo para responder à segunda pergunta feita por Ware, já mencionada no início do livro e deste capítulo: quais seriam as estratégias antirracistas apropriadas para subverter as forças da branquitude?

Como tímida resposta à pergunta de Ware (2002), este trabalho se encerra com algumas análises em que sujeitos brancos perfazem uma fissura entre a brancura do corpo e o poder identitário da branquitude. E me parece que para esta fissura ser feita há a necessidade de se pensar a ideia de estética não como a pensada no senso comum, definitivamente, ligada ao ideal de beleza ocidental, mas sim pensá-la de forma ampla, como arte da vida, como produção e transformação da existência, o estético como possibilidade de se ligar ao outro: "o fato de experimentar emoções, sentimentos, paixões comuns nos mais diversos domínios da vida social" (Maffesoli, 2005 p. 188). Como na fala de Pedro, ao se identificar com o rap dos Racionais. Assim, é possível pensar em uma estética nascida da vida de todo dia, isto é, dos sentidos criados por vivências afetivas comuns, na partilha de emoções e sentimentos, agregações que não se devem a uma programação racional, mas, ao invés disso, repousam sobre o desejo de estar e viver com os outros sentimentos compartilhados. Talvez como elaboração da ideia de dupla consciência apresentada por Winant, Twine e Du Bois.

A dimensão estética, assim, pode ocupar uma posição privilegiada para se pensar a luta antirracista e é esse referencial que é explorado para propor uma lógica da identificação que ponha em cena o sujeito a partir da relação estética com o outro (Maffesoli, 2005). A identificação, tal como proposta por Maffesoli, pressupõe o modelo emergente de identidades flexíveis, que permite aos sujeitos uma certa circulação de valores e aparências, seja para identificar-se com um modelo ou para negá-lo, ou, ainda, para pertencer a um certo grupo de pessoas. Ao apontar a importância da dimensão da estética na identificação, Maffesoli a compreende como incorporando uma diversidade de emoções e sentimentos vivenciados conjuntamente. E para que haja essa vivência conjunta, as políticas públicas voltadas para a igualdade racial, como as cotas, o reconhecimento da história, do espaço, a ação do movimento negro, são essenciais para que os brancos consigam se deslocar da posição de norma e hegemonia cultural e tentem se olhar como socialmente racializados, tentem adquirir uma crítica à branquitude. São, pois, as relações com os significados construídos, ora por sujeitos negros, ora pela estética negra ou pelo esforço das organizações negras, que determinam as fissuras entre a brancura e o poder da branquitude nos poucos brancos antirracistas apresentados neste estudo.

REFERÊNCIAS BIBLIOGRÁFICAS

Abud, K. M. (1986). *O sangue intimorato e as nobilíssimas tradições: a construção de um símbolo paulista: o bandeirante.* Tese de Doutorado, Departamento de História, Universidade de São Paulo, São Paulo.

Adorno, S. (1995). Discriminação racial e justiça criminal em São Paulo. *Novos Estudos CEBRAP*, n. 43, pp. 45-63.

Alves, L. (2010). *Significados de ser branco – a brancura no corpo e para além dele.* Dissertação de Mestrado, Departamento de Educação, Universidade de São Paulo, São Paulo.

Andrews, G. R. (1998). *Negros e brancos em São Paulo (1888-1988).* Baurú: Edusc.

Arendt, H. (1989). O Pensamento racial antes do racismo. In: H. Arendt (Org.). *As origens do totalitarismo: Antissemitismo, Imperialismo, Totalitarismo.* São Paulo: Companhia das Letras, pp. 339-512.

Azevedo, C. M. M. (1987). *Onda negra, medo branco: o negro no imaginário das elites – século XIX.* Rio de Janeiro: Paz e Terra.

Bakhtin, M. (1993) La construcción de la enunciación. Tradução de A. Bignami. In: A. Silvestri & G. Blanck (Orgs.). *Bajtín y Vigotsky: la organización semiótica de la conciencia.* Barcelona: Anthropos, pp. 245-276.

Bakhtin, M. (2003). *Estética da criação verbal.* São Paulo: Martins Fontes.

Bakhtin, M. (2006). *Marxismo e filosofia da linguagem* (12. ed.). São Paulo: Hucitec.

Balibar, E. (1991). Is there a Neo-Racism. In: E. Balibar & I. Wallerstein (Eds.). *Race, Nation, Class: Ambiguous Identities*. London: Verso.

Bourdieu, P. (1999). Compreender. In: P. Bourdieu (Org.), *A miséria do mundo*. Petrópolis: Vozes, pp. 693-713.

Bourdieu, P. (1987). *A economia das trocas simbólicas*. Tradução de S. Miceli, S. A. Prado, S. Miceli & W. C. Vieira. São Paulo: Perspectiva.

Bento, M. A. & Carone, I. (Orgs.). (2002). *Psicologia docial do racismo*. 2. ed. São Paulo: Vozes.

Brasílio, L. A. (2007). *Um olhar sócio-histórico sobre a beleza: das amarras à alteridade*. Tese de Doutorado, Departamento de Sociologia, Universidade Estadual de São Paulo, Araraquara.

Britzman, D. P. (2004). A diferença e tom menor: algumas modulações da história, da memória e da comunidade. In: V. Ware (Org.). *Branquidade, identidade branca e multiculturalismo*. Tradução de V. Ribeiro. Rio de Janeiro: Garamond, pp.161-183.

Butler, J. (2003). *Problemas de gênero: feminismo e subversão da identidade*. Tradução de R. Aguiar. Rio de Janeiro: Civilização Brasileira.

Cardoso, L. (2008). *O branco "invisível": um estudo sobre a emergência da branquitude nas pesquisas sobre as relações raciais no Brasil (Período: 1957-2007)*. Dissertação de Mestrado, Faculdade de Economia e Centro de Estudos Sociais da Universidade de Coimbra, Coimbra.

Carone, I. (2007). Breve histórico de uma pesquisa psicossocial sobre a questão racial brasileira. In: I. Carone & M. A. Bento (Orgs.). *Psicologia social do racismo*. Petrópolis: Vozes, pp. 13-24.

Chauí, M. (2000). *Brasil: mito fundador e sociedade autoritária*. São Paulo: Fundação Perseu Abramo.

Du Bois, W. E. B. (1920). *Darkwater Voices from within the Veil*. NY: Harcourt, Brace & Co. Electronic Text Center, University of Virginia Library (HTML).

Du Bois, W. E. B. (2003). *The Souls of Black Folk*. Nova York: Barnes & Noble.

Dyer, R. (1988). *White*. London and New York: Routledge.

Dzidzienyo, A. (1971). *The Position of Blacks in Brazilian Society*. London: Minority Rights Group.

Fanon, F. (1980). *Pele negra, máscaras brancas*. Rio de Janeiro: Fator.

Fernandes, F. (1978). *A integração do negro na sociedade de classes* (Vol. 1). São Paulo: Ática.

Fernandes, F. (1978). *A integração do negro na sociedade de classes* (Vol. 2). São Paulo: Ática.

Frankenberg, R. (1999). *White Women, Race Masters: The Social Construction of Whiteness*. USA: University of Minnesota.

Frankenberg, R. (2004). A miragem de uma Branquitude não marcada. In: V. Ware (Org.), *Branquidade, identidade branca e multiculturalismo*. Tradução de V. Ribeiro. Rio de Janeiro: Garamond, pp. 307-338.

Foucault, M. (1984). *História da sexualidade II: o uso dos prazeres*. Rio de Janeiro: Edições Graal.

Foucault, M. (1992). *Genealogia del racismo*. Madrid: Ediciones de la Piqueta.

Foucault, M. (1999). *Em defesa da sociedade*. São Paulo: Martins Fontes.

Foucault, M. (2001). *Microfísica do poder*. (Tradução e organização de R. Machado. Rio de Janeiro: Edições Graal.

Fry, P. (1996). O que a Cinderela Negra tem a dizer sobre a "política racial" do Brasil. *Revista da USP*, n. 28, pp. 232-63.

Fry, P. (2005). Política, nacionalidade e o significado de "raça" no Brasil. In: P. Fry (Org.). *A persistência da raça: ensaios antropológicos sobre o Brasil e a África austral*. Rio de Janeiro: Civilização Brasileira.

Gilroy, P. (1990) *"One Nation Under a Groove"*, in: Eley and Suny, *Becoming National,* p. 357

Gilroy, P. (2001). *O Atlântico Negro: modernidade e dupla consciência*. Tradução de Cid Knipel Moreira. São Paulo: Ed. 34.

Grosfoguel, R. (2007). *Migrantes coloniales caribeños en los centros metropolitanos del sistema-mundo: los casos de Estados Unidos, Francia, los Países Bajos y el Reino Unido*. Barcelona: Serie Migraciones, Número 13, CIDOB edicions.

Guimarães, A. S. A. (1999a). Raça e os estudos de relações raciais no Brasil. *Novos Estudos CEBRAP*, n. 54, pp. 147-156.

Guimarães, A. S. A. (1999b). Combatendo o racismo: Brasil, África do Sul e Estados Unidos. *Revista Brasileira de Ciências Sociais,* n. 14 (39), pp. 103-117.

Guimarães, A. S. A.. (1999c). *Racismo e anti-racismo no Brasil*. Rio de Janeiro: Ed. 34.

Guimarães, A. S. A. (2002). Democracia racial. *Cadernos Penesb,* n. 4, pp. 33-60.

Guimarães, A. S. A. (2008). *Preconceito racial*. São Paulo: Cortez.

Hage, G. (2004). A "Ásia" e a crise da branquitude no mundo ocidental. In: V. Ware (Org.). *Branquidade, identidade branca e multiculturalismo*. Tradução de V. Ribeiro. Rio de Janeiro: Garamond, pp. 139-160.

Hanchard, M. G. (2001). *Orfeu e poder: o movimento negro no Rio e em São Paulo* (1945-1988). Rio de Janeiro: Eduerj.

Haraway, D. (1995). Saberes localizados: a questão da ciência para o feminino e o privilégio da perspectiva. *Cadernos Pagu*, n. 5, pp. 7-41.

Hasenbalg, C. (1979). *Discriminação e desigualdades raciais no Brasil*. Rio de Janeiro: Graal.

Hasenbalg, C. & Silva, N. V. (1988). *Estrutura social, mobilidade e raça*. São Paulo: Vértice.

Hasenbalg, C. & Silva, N. V. (1992). *Relações raciais no Brasil Contemporâneo*. Rio de Janeiro: Rio Fundo.

Hasenbalg, C. & Silva, N. V. (1999). Educação e diferenças raciais na mobilidade ocupacional no Brasil. In: C. Hasenbalg, N. V. Silva & M. Lima (Orgs.), *Cor e estratificação social*. Rio de Janeiro: Contracapa, pp. 217-230.

Isaac, B. (2004). *The Invention of Racism in Classical Antiquity*. Princeton e Oxford: Princeton University Press.

Kamel, A. (2006). *Não somos racistas: uma reação aos que querem nos transformar numa nação bicolor*. Rio de Janeiro: Nova Fronteira.

Lago, M. C. S. Identidade: a fragmentação do conceito. In: A. L. Silva, M. C. S. Lago & T. R. O. Ramos (Orgs.). *Falas de gênero: teoria, análises e leituras.* Florianópolis: Editora Mulheres, 1999, pp. 119-129.

Lane, S. & Sawaia, B. (Orgs.). (1995). *Novas veredas da Psicologia Social.* São Paulo: Brasiliense.

Lang, D. W. (2004). *Les hommes aussi changent.* Paris: Payot.

Le Breton, D. (2006). *A sociologia do corpo.* Petrópolis: Vozes.

Lipovetsky, G. (2000). *A terceira mulher – permanência e revolução do feminino.* São Paulo: Companhia das Letras.

Maffesoli, M. (2005). *A transfiguração do político: a tribalização do mundo.* 3. ed. Porto Alegre: Sulina.

Maggie, Y. (2004). Cotas raciais: construindo um país dividido? *Econômica: Revista da Pós-Graduação em Economia da UFF*, n. 6 (1), pp. 153-161.

Maheirie, K. (2002). Constituição do sujeito, subjetividade e identidade. *Revista Interações*, n. 7 (13), pp. 31-44.

Maheirie, K. & Pretto, Z. (2007). O movimento progressivo-regressivo na dialética universal e singular. *Rev. Dep. Psicol. UFF*, n. 19 (2), pp. 455-462.

Mandela, N. (1995). *Longo caminho para a liberdade: uma autobiografia.* Tradução de J. E. S. Caldas. São Paulo: Siciliano.

McIntosh, P. (1988). *White privilege and male privilege: a personal account of coming to see correspondences through work in womens's studies.* Wellesley College Center for Research on Women: Wellesley.

McIntosh, P. (1990). *Interactive Phases of Curricular and Personal Re-vision with Regard to Race*. Stone Centre: Wellesley.

Melucci, A. (2001). *A invenção do presente: movimentos sociais nas sociedades complexas*. Petrópolis: Vozes.

Miles, R. (1989). *Racism*. London: Routledge.

Miles, R. (1996). Racialization. In: Ellis Cashmore (Org.). *Dictionary of Race and Ethnic Relations*. London: Routledge, pp. 306-308.

Memmi, A. (2007). *Retrato do colonizado precedido pelo retrato do colonizador*. Rio de Janeiro: Paz e Terra.

Molon, S. I. (1999). *Subjetividade e constituição do sujeito em Vygotsky*. São Paulo: EDUC.

Moore, C. (2007). *Racismo e sociedade: novas bases epistemológicas para entender o racismo*. Belo Horizonte: Mazza Edições.

Moutinho, L. (2004). *Razão, cor e desejo*. São Paulo: UNESP.

Munanga, K. (2004). Uma abordagem conceitual das noções de raça, racismo, identidade e etnia. In: A. A. P. Brandão (Org.). *Cadernos Penesb 5*. Niterói: EdUFF, pp. 15-34.

Munanga, K. (1996). O anti-racismo no Brasil. In: *Estratégias e políticas de combate à discriminação racial*. São Paulo: Edusp/ Estação Ciência.

Nicholson, L. (2000). Interpretando Gênero. *Revista Estudos Feministas*, n. 8 (2), pp. 9-41.

Nogueira, O. (1979). *Tanto preto quanto branco: estudos de relações raciais*. São Paulo: T. A. Queiroz.

Nuttall, S. (2004). Subjetividades da branquitude. In: V. Ware (Org.). *Branquidade, identidade branca e multiculturalismo.* Tradução de V. Ribeiro. Rio de Janeiro: Garamond, pp. 183-217.

Oliveira, M. K. & Dantas, H. (1992). *Piaget, Vygotsky, Wallon: teorias psicogenéticas em discussão.* São Paulo: Summus.

Orlandi, E. P. (2001). *Análise de discurso: princípios e procedimentos.* 3. ed. Campinas: Pontes.

Paixão, M. (2004). *Desenvolvimento humano e relações raciais (Coleção Políticas da Cor).* Rio de Janeiro: DP&A.

Piza, E. (2000). Branco no Brasil? Ninguém sabe, ninguém viu. In: A. S. A. Guimarães & L. Huntley (Orgs.), *Tirando a máscara: ensaios sobre racismo no Brasil.* São Paulo: Paz e Terra, pp. 97-126.

Piza, E. (2002). Porta de vidro: uma entrada para branquitude. In: I. Carone & M. A. Bento (Orgs.). *Psicologia Social do racismo: estudos sobre branquitude e branqueamento no Brasil.* Petrópolis: Vozes, pp. 59-90.

Piza, E. & Rosemberg, F. (2002). Cor nos censos brasileiros. In: I. Carone & M. A. Bento (Orgs.). *Psicologia Social do racismo: estudos sobre branquitude e branqueamento no Brasil.* Petrópolis: Vozes, pp. 91-120.

Ramos, A. G. (1957). *A introdução crítica à sociologia brasileira.* Rio de Janeiro: Andes.

Ramos, A. G. (1965). *A redução sociológica: introdução ao estudo da razão sociológica.* 2. ed. Rio de Janeiro: Tempo Brasileiro.

Roediger, D. (2000). *Towards the Abolition of Whiteness.* London, New York: Verso.

Reis, A. C. (2007). *A atividade estética da dança do ventre*. Dissertação de Mestrado, Programa de Pós-Graduação em Psicologia, Universidade Federal de Santa Catarina, Florianópolis.

Rousseau, J. J. (1977). *Contrato social. Discurso sobre a desigualdade*. (Obras Coleção "Os Pensadores"). São Paulo: Abril.

Sartre, J. P. (1984). *Sartre: os pensadores*. São Paulo: Abril Cultural.

Sawaia, B. B. (1999). Identidade: Uma ideologia separatista? In: Sawaia, B. (Org.) As Artimanhas da Exclusão: Análise psicossocial e ética da desigualdade social. Petrópolis: Editora Vozes.

Scott, J. (1990). Gênero: uma categoria útil de análise histórica. *Revista Educação e Sociedade*, n. 16 (2). Porto Alegre: UFRGS, pp. 5-22.

Scott, J. (1988). Deconstructing Equality-versus-Difference: or the uses of Poststructuralist Theory for Feminism. *Feminist Studies*, n. 14 (1), pp. 33-50.

Sevcenko, N. (2000). *Pindorama revisitada*. São Paulo: Peirópolis.

Silva, N. V. (1987). Distância social e casamento inter-racial no Brasil. *Estudos Afro-asiáticos,* 14, pp. 54-83.

Skidmore, T. E. (1976) *Preto no branco: raça e nacionalidade no pensamento brasileiro.* Rio de Janeiro: Paz e Terra.

Spink, M. J. (2007). Pesquisando no cotidiano: recuperando memórias de pesquisa em Psicologia Social. *Psicologia e Sociedade*, 19 (1), pp. 7-14.

Spink, P. (2003). *Pesquisa de campo em Psicologia Social: uma perspectiva pós-construcionista.* Texto organizado por Spink e membros do Núcleo de Organização e Ação Social. Programa de Pós-graduação em Psicologia Social da PUC-SP.

Steyn, M. (2004). Novos matizes da "branquitude": a identidade branca numa África do Sul multicultural e democrática. In: V. Ware (Org.). *Branquidade, identidade branca e multiculturalismo.* Tradução de V. Ribeiro. Rio de Janeiro: Garamond, pp. 115-137.

Sousa Santos, B. (1995). *Pela mão de Alice: o social e o político na pós-modernidade.* São Paulo: Cortez.

Sovik, L. (2004). Aqui ninguém é branco: hegemonia branca no Brasil. In: V. Ware (Org.). *Branquidade, identidade branca e multiculturalismo.* Tradução de V. Ribeiro. Rio de Janeiro: Garamond, pp. 363-386.

Sovik, L. (2009). *Aqui ninguém é branco.* Rio de Janeiro: Aeroplano Editora.

Schwarcz, L. M. (1993). *O espetáculo das raças – cientistas, instituições e questão racial no Brasil 1870-1930.* São Paulo: Companhia das Letras.

Schwarcz, L. M. (1996). As teorias raciais, uma construção histórica de finais do século XIX: o contexto brasileiro. In: L. M. Schwarcz & R. S. Queiroz (Orgs.). *Raça e diversidade.* São Paulo: Edusp, pp. 147-185.

Taguief, P. A. (1999). L'identité nationale saisie par les logiques de racisation. Aspectes, figures et problèmes du racisme différentialiste. Mots, vol.12, mars: pp. 91-128. In: Antonio Flávio Pierucci. *Ciladas da Diferença.* São Paulo: Editora 34.

Taguief, P. A. (1987). *La force du prejugé.* Paris: Editions La Découverte.

Taylor, C. (1998). A política de reconhecimento. In: C. Taylor (Org.), *Multiculturalismo: examinando a política de reconhecimento*. Lisboa: Instituto Piaget.

Telles, E. (2003). *Racismo à brasileira*. Rio de Janeiro: Lumará.

Todorov, T. (1993). *Nós e os outros: a reflexão francesa sobre a diversidade humana (Vol. 1)*. Rio de Janeiro: Jorge Zahar.

Twine, F. W. (2004). A white side of black Britain: The concept of racial literacy. *Ethnic and Racial Studies,* 27 (6), pp. 878-907.

Twine, F. W. & Steinbugler, A. (2006). The Gap Between Whites and Whiteness: Interracial Intimacy and Racial Literacy. *Du Bois Review*, n. 3 (2), pp. 341-363.

Twine, F. W. & Gallagher, C. (2007). The future of whiteness: A map of the 'third wave'. *Ethnic and Racial Studies*, n. 31 (1), pp. 1-21.

Vygotsky, L. S. (1987). *Pensamento e linguagem.* São Paulo: Martins Fontes.

Vygotsky, L. S. (1996a). O significado histórico da crise da psicologia. Uma investigação metodológica. In: L. S. Vygotsky (Org.). *Teoria e método em psicologia.* São Paulo: Martin Fontes.

Vygotsky, L. S. (1996b). Os métodos de investigação reflexológicos e psicológicos. In: L. S. Vygotsky (Org.). *Teoria e método em psicologia.* São Paulo: Martins Fontes.

Vygotsky, L. S. (2001). *A construção do pensamento e da linguagem*. São Paulo: Martins Fontes.

Ware, V. (1992). *Beyond the Pale: White Women, Racism and History.* London: Verso.

Ware, V. (2004). O poder duradouro da branquidade: "um problema a solucionar". Introdução. In: V. Ware (Org.). *Branquidade, identidade branca e multiculturalismo.* Tradução de V. Ribeiro. Rio de Janeiro: Garamond, pp. 7-40.

Weinstein, B. (2003). Racializing Regional Difference: São Paulo vs. Brazil, 1932. In: N. Appelbaum, A. Macpherson & K. Rosemblatt (Orgs.). *Race and Nation in Modern Latin America.* Chapel Hill: Univ. of North Carolina Press, pp. 237-262.

Wieviorka, M. (2006). *Em que mundo viveremos?* São Paulo: Perspectiva.

Williams, R. (1979). *Marxismo e literatura.* Rio de Janeiro: Jorge Zahar.

Winant, H. (2001). *The World Is a Ghetto: Race and Democracy Since World War II.* New York: Basic Books.

Winant, H. (1997). Behind Blue Eyes: Whiteness and Contemporary U.S. Racial Politics. *New Left Review*, n. 225, pp.??.

Wray, M. (2004). Pondo a ralé branca no centro: implicações para pesquisas futuras. In: V. Ware (Org.). *Branquidade, identidade branca e multiculturalismo.* Tradução de V. Ribeiro. Rio de Janeiro: Garamond, pp. 339-361.

REVISÃO Guilherme Mazzafera e Lilian Aquino
CAPA Gustavo Piqueira I Casa Rex
DIAGRAMAÇÃO César Zambone

Dados Internacionais de Catalogação na Publicação – CIP

S384 Schucman, Lia Vainer
Entre o encardido, o branco e o branquíssimo: branquitude, hierarquia e poder na cidade de São Paulo. 2ª. Edição / Lia Vainer Schucman.
Introdução de Antonio Sérgio Alfredo Guimarães. Apresentação de Leny Sato. Prefácio de Maria Aparecida da Silva Bento. – São Paulo: Veneta, 2020.
216 p.; Il.

1ª. Edição. São Paulo: Annablume, 2014. ISBN 978-85-3910-468-0

ISBN 978-85-9571-066-5

1. Psicologia Social. 3. Racismo. 4. Raça. 5. Identidade Racial Branca. 6. Branquitude. 7. Discriminação Racial. 8. História Social. 9. História das Relações Raciais na Cidade de São Paulo. 10. Cidade de São Paulo. I. Título. II. Branquitude, hierarquia e poder na cidade de São Paulo. III. Algumas palavras sobre o entre o encardido, o branco e o branquíssimo. IV. Rompendo o pacto racista: colocando o branco em questão. V. Guimarães, Antonio Sérgio Alfredo. VI. Sato, Leny. VII. Bento, Maria Aparecida da Silva.

CDU 316.6	CDD 301.1

Catalogação elaborada por Regina Simão Paulino – CRB 6/1154

Rua Araújo, 124 - 1º andar, São Paulo
contato@veneta.com.br
www.veneta.com.br